Dennis Kuhlmeier

55 Methoden Spanisch

einfach, kreativ, motivierend

2. Auflage 2022

Autor*innen: Dennis Kuhlmeier
Illustrationen: Corina Beurenmeister, Fiedes Friedeberg, Steffen Jähde, Anne Karen Rasch, Thorsten Trantow
Satz: Typographie & Computer, Krefeld
Druck und Bindung: Korrekt Nyomdaipari Kft., Budapest
ISBN 978-3-403-**07785**-5

www.auer-verlag.de

Methoden im Spanischunterricht

Mit über 500 Mio. Muttersprachlern weltweit etabliert sich das Spanische zur unverzichtbaren Fremdsprache an deutschen Schulen und erfährt seit einigen Jahren eine starke Nachfrage auf Seiten der Schüler[1]. Um dieser Weltsprache einen spannenden und erfolgreichen Unterricht zu gewährleisten, bedarf es auch immer, von Ihrem Lernziel ausgehend, einer vielseitigen Bandbreite an unterrichtlichen Methoden.

Sie haben nur das eine Ziel: Schülern die spanische Sprache und Kultur mit all ihren bunten Facetten näherzubringen. Egal ob im Anfangsunterricht, dem Grund- oder Leistungskurs, Sie müssen überlegen, auf welchem Wege ihre Schüler die zu lernenden Inhalte am schnellsten und verständlichsten behalten. Dabei wählen Sie bestimmte Lern- und Arbeitstechniken aus, erproben (un)bekannte Unterrichts-, Aktions-, Lehr- oder Lernformen und stellen zudem im Idealfall noch individuelle Lernarrangements, Handlungsmuster oder Lernstrategien zusammen. Da dies nicht immer leicht zu bewältigen ist und oftmals zu Verwirrung führt, kann Ihnen vielleicht der vorliegende Band manchen Stress oder zu langes Grübeln abnehmen. In *55 Methoden Spanisch* erhalten Sie eine komprimierte Darstellung einer systematischen Vorgehensweise bzw. Verfahrensweise. Grundsätzlich dient eine Methode (griech. „der Weg") immer als Werkzeug und Hilfsmittel Ihres Unterrichtsvorhabens und zielt darauf ab, (neue) Sachverhalte und Aufgaben zu bewältigen, bestehende oder neue Kompetenzen zu entwickeln und Lernprozesse sinnvoll zu organisieren und strukturieren.

Die Methoden in diesem Band sollen zeigen, wie Sie im Spanischunterricht den Einstieg gestalten können (Kap. 1), Wortschatz erweitern und üben (Kap. 2), grammatikalische Phänomene aufgreifen (Kap. 3), bei den Schülern Text-, Lese-, Hör-, Schreib- sowie Präsentations- und Sprechkompetenz entwickeln (Kap. 4–7), Aufgaben im Bereich der Sprachmittlung erstellen (Kap. 8) und eigenverantwortliches sowie selbstgesteuertes Lernen in kooperativen Lern- und Arbeitsformen anleiten können (Kap. 9).

Auswahl und Anwendung der Methoden

Die hier ausgewählten 55 Methoden sind erprobt und bewährt. Sie finden eine Zusammenstellung von einfachen bis hin zu komplexeren Methoden, die dazu anregen sollen, Neues auszuprobieren, Bekanntes wiederzuentdecken und einen methodisch abwechslungsreichen Spanischunterricht zu gestalten. Natürlich ist nicht gleich jede Methode für das Lernziel der Unterrichtsstunde geeignet oder erfährt die Begeisterung der Schülerschaft, jedoch kann sie oftmals auch den Zugang zu einer neuen Arbeitsweise eröffnen oder den eigenen Horizont erweitern.

Jede neu eingeführte Methode muss gut erklärt, in Ruhe eingeführt und regelmäßig genutzt werden, damit sich eine Systematisierung und Routine entwickeln können. Ferner sollten Sie eine ausgewählte Methode, wenn möglich im laufenden Unterricht, mithilfe aktueller Themen aus der spanischsprachigen Welt verknüpfen und anreichern. Die jeweilige Methode sollte immer zweckdienlich sein, denn Schüler sind sensibel für „methodischen Schnickschnack" und merken sofort, wenn sich ein unterrichtlicher Gegenstand auch einfacher erreichen ließe.

Die Sinnhaftigkeit und die daraus resultierenden Vorzüge sowie (inhaltlichen und sprachlichen) Bereicherungen sollten den Schülern daher immer transparent gemacht werden, um einer „Blockadehaltung" entgegenzuwirken.

1 Aufgrund der besseren Lesbarkeit ist in diesem Buch mit Schüler auch immer Schülerin gemeint, ebenso verhält es sich mit Lehrer und Lehrerin etc.

Für die in Kapitel 8 dargestellten Methoden bedarf es einer frühen Übung und gründlichen Vorbereitung, um mögliche Schreib- oder Sprechblockaden gar nicht erst aufkommen zu lassen. Da die Sprachmittlung eine relativ neu etablierte Grundfertigkeit im modernen Fremdsprachenunterricht ist, unterliegen die dargestellten Methoden sowie Aufgabenbeispiele noch vielen Neuerungen und werden in der Fachwelt stetig neu diskutiert.

Für die meisten Methoden gelten im Allgemeinen gewisse Grundregeln, wie die Wahrung der Einsprachigkeit oder das Benutzen der Flüsterstimme. Auch das erforderliche Umstellen von Stühlen und Tischen beim Wechsel der Sozialform will geübt sein, damit dieser schnell und leise erfolgen kann. Regelmäßige Feedbackrunden dienen der Vergewisserung, ob die Regeln beachtet wurden. Schließlich ist zu bedenken, dass eine Methode in der einen Lerngruppe vielleicht besser funktioniert als in einer anderen, was nicht zwangsläufig auf den jeweiligen Grad der Methodenkompetenz der Schüler zurückzuführen ist.

Nun bleibt mir nur noch zu sagen …

¡Le deseo buena suerte y mucho éxito con los métodos presentados!

Dennis Kuhlmeier

Aufbau der Handreichung

Die Darstellung der 55 Methoden erfolgt im Wesentlichen immer nach demselben Schema:

Die **Kopfzeile** gibt Hinweise darauf, ab welchem Lernjahr die Einführung und der Einsatz sinnvoll sind. Sie gibt auch an, wie lange die ungefähre Dauer ist. Diese Angaben haben orientierenden Charakter. Die tatsächliche Dauer kann je nach Lerngruppe und Unterrichtssituation variieren.

In der **Kurzbeschreibung** wird die Methode kurz vorgestellt und erläutert. Wenn bestimmte Voraussetzungen bei den Schülern gegeben sein müssen oder wenn Material vorzubereiten ist, so ist dies am Ende der Kurzbeschreibung vermerkt.

Bei der Anleitung zur **Durchführung** werden viele praktische Tipps gegeben.

Es folgen gelungene **Beispiele** aus dem Spanischunterricht.

Unter **weitere Hinweise** finden sich ergänzende Informationen zur jeweiligen Methode, Varianten oder Alternativen.

Für bestimmte, wiederkehrende Begriffe wurden zu besseren Orientierung die folgenden Icons verwendet:

 = Dauer

 = Material (das über die normale Ausstattung, wie Tafel, Papier, Stifte usw., benötigt wird) und / oder Voraussetzungen

Im **Index** am Ende des Buches finden Sie alle dargestellten Methoden in alphabetischer Reihenfolge aufgelistet.

Kurzbeschreibung der Methode:

Die Placemat-Methode („Platzdeckchen“) eignet sich insbesondere zur Förderung der mündlichen Kommunikation und führt zu einer hohen Schüleraktivierung. Die Methode lässt sich im Spanischunterricht zu den verschiedensten Themen anwenden.

Placemat (DIN-A3-Format)

Durchführung:

- Pro Tisch arbeiten jeweils vier Schüler an einem Placemat zusammen. Jeder notiert sich in einem Rechteck die für ihn wichtigsten Aspekte und Gedanken bezüglich der unterrichtlichen Leit- oder Themenfrage (z. B. *¿Cuáles son las razones del narcotráfico en México?*).
- Nach Aufforderung des Lehrers oder eines Zeitwächters sollte das Placemat dann im Uhrzeigersinn rotieren, sodass alle Gruppenmitglieder die Notizen der anderen lesen und verinnerlichen können.
- Am Ende der Arbeitsphase einigen sich die Gruppenmitglieder auf beispielsweise drei bis fünf wichtige Ergebnisse und tragen sie als Gesamtprodukt in das mittlere Feld ein. Im Anschluss präsentieren sie diese im Plenum.

Beispiele:

Mögliche Themen, auf Grundlage verschiedener Texte, können sein:

1. *La inmigración ilegal a España o los Estados Unidos*
2. *El bilingüísmo en Cataluña*
3. *La recepción literaria de la obra Don Quijote*

1.2 Zitateinstieg

10–15 Min. | ab 1. Lj.

Kurzbeschreibung der Methode:

Der Einsatz eines provokanten und stichhaltigen Zitats zu Beginn der Unterrichtsstunde kann als effektiver stummer Impulsgeber das anschließende Stundenthema einleiten. Die Schüler versuchen, den Inhalt des Zitats in ihr bestehendes Weltwissen einzuordnen, um ihre Vermutungen und Ideen im nächsten Schritt zu einer möglichen Interpretation oder These in Worte zu fassen.

passendes Zitat (OHP-Folie / Beamer / Poster)

Durchführung:

- Der Lehrer präsentiert den Schülern ein Zitat und lässt dieses ggf. einmal laut vorlesen. Die Schüler versuchen zunächst, das Zitat zu verstehen, und fragen ggf. den Lehrer bei Verständnisschwierigkeiten (Wortschatz, Register, Grammatik etc.). Sie machen sich Notizen und formulieren im Partneraustausch eine mögliche Interpretation. Die Ergebnisse werden dann im Plenum vorgestellt und diskutiert.
- Es empfiehlt sich bei einer anstehenden Interpretation, auf folgende zielorientierte Punkte einzugehen: 1. ***Contenido*** (*¿Qué dice la cita?*), 2. ***Relación*** (*¿Contiene un llamamiento / una revelación por sí misma / una relación con otros aspectos?*), 3. ***Lengua*** (*¿Cuáles son los rasgos estilísticos / las particularidades más específicas?*), 4. ***Posición*** (*¿Qué tipo de ideología / opinión propia expresa la cita?*), 5. ***Intención*** (*¿Cuál es el objetivo / la intención?*).

Beispiele:

1. "El Papa acusa a empresas y Gobiernos del cambio climático"

   aus: El País, 17.06.2015

2. "Crearemos una España fraternal, una España laboriosa y trabajadora donde los parásitos no encuentren acomodo; una España sin cadenas ni tiranías judaicas, una nación sin marxismo ni comunismo destructores, un Estado para el pueblo, no un pueblo para el Estado."
   Francisco Franco

   aus: https://akifrases.com/frase/111954 (2022)

Kurzbeschreibung der Methode:

Ein motivierender Stundeneinstieg gelingt oft durch das Präsentieren von Bildern, Fotos oder anderen Darstellungen (Zeichnungen, Karikaturen etc.). Mithilfe eines interessanten und provokanten Bildes kann zum Stundenthema hingeführt werden.

geeignetes Bildmaterial, OHP(-Folie)

Durchführung:

- **Variante 1 (Bildfolie, -tafel)**: Der Lehrer präsentiert den Schülern eine Bildfolie und fragt sie, was sie darauf erkennen (*¿Qué veis en la imagen?*). Die Schüler beschreiben zunächst erst einmal, was sie auf dem Bild sehen. Die Antworten können ggf. in Form einer Stichwortsammlung an der Tafel festgehalten werden.
- **Variante 2 (Bilderabfolge)**: Der Lehrer zeigt eine thematische Bilderabfolge. Die Schüler notieren sich zunächst in Einzelarbeit erste Ideen, Gedanken und Meinungen zum Gesehenen. Die Eindrücke können im Anschluss in einer Murmelrunde besprochen werden.
- **Variante 3 (Bildersalat)**: An der Tafel / Wand befestigt der Lehrer mehrere Fotos / Bilder zum jeweiligen Stundenthema. Die Schüler wählen ein Foto / Bild aus und nehmen es mit an ihren Platz. Ihre Eindrücke halten sie stichwortartig fest und begründen, wieso sie sich dafür entschieden haben. Die Formulierung einer Bildüberschrift kann außerdem sinnvoll sein.
- **Variante 4 (Bildausschnitt)**: Mit einem Bildausschnitt haben die Schüler die Möglichkeit, erste Ideen und Vermutungen zu äußern, und finden etwaige gezielte Symbole oder Anhaltspunkte, um das Motiv in Beziehung mit dem Stundenthema zu setzen. Ein Bildpuzzle ist ferner denkbar.

Beispiele:

1. *Una plaza de toros*
2. *Una playa repleta en España*
3. *La frontera entre México y los EE.UU.*

1.4 Buchstabensuppe

5–10 Min. ab 1. Lj.

Kurzbeschreibung der Methode:

Ein möglicher Einstieg in eine neue Unterrichtsstunde kann mithilfe einer „Buchstabensuppe" (*sopa de letras*) für Spaß und Neugier sorgen. Der Lehrer denkt sich hierbei ein Wort aus und zerlegt es in seine „Buchstabenbestandteile". Die Schüler müssen die Buchstaben in die richtige Reihenfolge bringen und ein Lösungswort bilden. Anstelle eines Wortes kann auch eine kurze Phrase verwendet werden.

Durchführung:

- **Variante 1 (Ordnen)**: Der Lehrer präsentiert den Schülern eine unsortierte Ansammlung von Buchstaben an der Tafel. Die Schüler haben die Aufgabe, die Buchstaben zu einem gesuchten Wort oder einer Phrase zusammenzusetzen. Es empfiehlt sich generell, nicht zu viele Buchstaben an die Tafel zu schreiben. Bei komplexeren Wörtern oder Phrasen sollten leichte Hilfen bzw. Impulse gegeben werden (z.B. mithilfe von Satzanfängen oder Überschriften).
- **Variante 2 (Galgenmännchen)**: Der Lehrer oder ein Schüler denkt sich ein beliebiges (stundennahes) Wort aus. Die anderen Schüler erraten mögliche Buchstaben und versuchen, das Wort zu rekonstruieren. Zuvor gezeichnete Linien zeigen die Buchstabenanzahl an. Bei jedem falsch genannten Buchstaben wird ein Strich am Galgen gezeichnet. Das Ziel ist, das Wort schnell zu erraten, bevor das Strichmännchen am Galgen hängt.
- **Variante 3 (Akrostychon)**: Nach dem Ordnen der Buchstaben an der Tafel entsteht ein waage- oder senkrecht geschriebenes Wort. Die Schüler erhalten nun die Aufgabe, neue Assoziationen bzw. Wörter mithilfe des bereits bestehenden Wortes zu bilden. Sie können das Akrostychon entweder in ihrem Heft anfertigen oder die Aufgabe an der Tafel im Plenum erfüllen. Das Lösungswort formuliert das anschließende Stundenthema.

Beispiele:

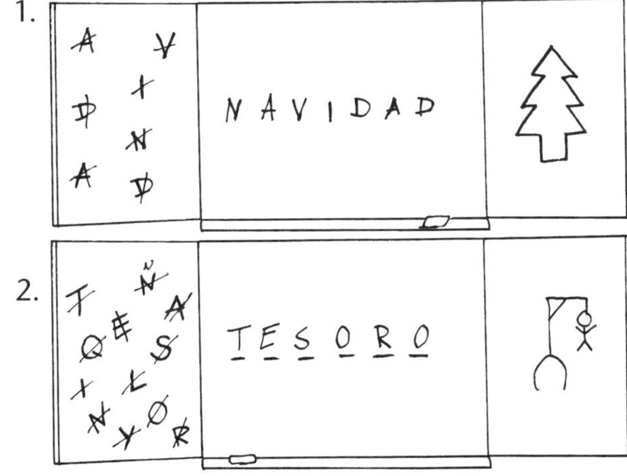

Kurzbeschreibung der Methode:

Eine Blitzlichtrunde dient der schnellen Rückmeldung und Reaktivierung vergangener gelernter Inhalte und Themen einer Unterrichtsstunde. Die Schüler äußern in einem kurzen Satz, was Ihnen zur konkreten Fragestellung in den Sinn kommt. Sie dürfen allerdings weder diskutieren noch auf die Aussagen anderer Mitschüler kommentierend Bezug nehmen. Diese Methode eignet sich für den Stundeneinstieg sowie für das Stundenende.

Durchführung:

- Der Lehrer stellt der Klasse eine (offene) Frage oder präsentiert ihr einen unvollendeten Satzanfang. Damit richtet er sich an den ersten Schüler, der darauf Bezug nehmen soll.
- Es empfiehlt sich, bei zu komplettierenden Sätzen in der Ich-Form zu sprechen. Nachdem sich der erste Schüler geäußert hat, ist der nächste an der Reihe, bis alle Schüler etwas beigetragen haben.
- Die Blitzlichtrunde kann entweder nach Sitzordnung rotieren oder mit einem Ball durch gegenseitiges Zuwerfen gesteuert werden. Es muss darauf geachtet werden, dass nur der Schüler spricht, der an der Reihe ist. Der Lehrer sowie die anderen Schüler hören aufmerksam zu.
- Zum Abschluss können noch einmal alle angesprochenen Kernaussagen gebündelt und im Plenum diskutiert werden, bevor das Stundenthema formuliert wird.

Beispiele:

1. *Respecto al tema anterior, me gustaría mencionar ...*
2. *Lo que me gusta / no me gusta ...*
3. *El Don Quijote refleja ...*
4. *Los efectos del desempleo en España son ...*
5. *Según mi opinión, los conflictos en la frontera ente México y los EE.UU. son ...*

Kurzbeschreibung der Methode:

Bei dieser Methode müssen die Schüler einen gesuchten Oberbegriff mithilfe von Paraphrasen erläutern. Jedoch dürfen die fünf genannten Unterbegriffe bei der Beschreibung nicht benutzt werden. Es gewinnt diejenige Gruppe, welche die meisten Oberbegriffe richtig erraten hat.

beschriftete Karteikarten, Stopp- oder Sanduhr

Durchführung:

- Der Lehrer bereitet Spielkarten vor, auf denen jeweils ein gesuchter zentraler Oberbegriff steht (z. B. *Flamenco*) und weitere fünf assoziierte Unterbegriffe (z. B. *gitanos, baile, castañuelas, abanico, Andalucía*). Die Klasse wird in Gruppen eingeteilt, die gegeneinander spielen. Der zeitliche Rahmen wird mithilfe einer Stopp- oder Sanduhr geregelt.
- Ein Schüler aus einer Gruppe nimmt eine Spielkarte vom Stapel und muss den zu erratenden Oberbegriff schnellstens seiner Gruppe erklären. Ein Gruppenmitglied der gegnerischen Mannschaft kontrolliert währenddessen, dass keiner der vorgegebenen Begriffe genannt wird.
- Für jeden richtig erratenen Oberbegriff bekommt die Gruppe einen Punkt und es darf innerhalb der Zeit eine weitere Karte gezogen werden. Bei Verstoß gegen die Regel muss eine neue Karte genommen werden. Nach Ablauf der Zeit ist die andere Gruppe an der Reihe.

Beispiele:

1.

Papá Noel
Navidad
hombre
regalos
barba
viejo

2.

Mallorca
Ballermann
turistas
alemanes
isla
catalán

Weiterer Hinweis:

Es sollte darauf geachtet werden, dass nur Oberbegriffe erraten werden können, die die Schüler bereits gelernt haben.

Kurzbeschreibung der Methode:

Die Konfrontation mit einem „Endlostext" zu Stundenbeginn lenkt die Aufmerksamkeit der Schüler auf das zu behandelnde Thema. Die Aufgabe besteht darin, einen Text in Großbuchstaben und ohne Interpunktions- oder Leerzeichen korrekt zu entziffern und aufzuschreiben. Die Satzphrase kann einen Hinweis auf das Stundenthema oder eine spezielle Leitfrage sein.

OHP-Folie mit Text

Durchführung:

- Der Lehrer legt eine Folie mit einem oder mehreren „Endlostexten" auf. Einzelne Schüler müssen diesen Text phonetisch korrekt wiedergeben.
- Die anderen Schüler schreiben den Text richtig in ihr Heft ab und beachten dabei die Interpunktion.
- Mithilfe des Satzes oder der Leitfrage kann der Lehrer bewusst zum Stundenthema hinführen. Eine Blitzlichtrunde oder kurze Diskussion im Plenum wäre hier denkbar.

Beispiele:

1. MUCHOSPUEBLOSINDÍGENASSIGUENVIVIENDOENLASSELVASAMAZÓNICAS DEAMÉRICADELSUR.
2. CHILEESUNPAÍSPOLIFACÉTICOQUEATRAEAMUCHOSTURISTASMUNDIALESA CAUSADESUCULTURAYSUHISTORIA.

Weitere Hinweise:

- Es empfiehlt sich, kurze Texte zu nehmen, damit die zu lösende Phrase für die Schüler überschaubar bleibt.
- Probleme bei der Aussprache oder Akzentsetzung sollten thematisiert werden.

Kurzbeschreibung der Methode:

Da die Verankerung von fremdsprachlichem Wortschatz im Langzeitgedächtnis des Menschen multisensorisch (mit allen Sinnen) geschieht, eignet sich die folgende Methode besonders zur grafisch-visuellen Einprägsamkeit von spanischem Wortschatz. Die Pflanze (der Wortschatz) muss natürlich ständig gegossen (trainiert) werden, damit sie nicht eingeht!

vorgefertigte Arbeitsblätter

Durchführung:

- Die Schüler beschriften die Blätter sowie den Stängel der Sonnenblume mit den dazugehörigen (sinn- und themenverwandten) Wörtern aus der ausgewählten Thematik (z. B. *La ropa*).
- Im Blütenkorb der Pflanze (Mitte) bestimmen entweder die Schüler selbstständig das Thema (Hauptwort) oder ergänzen die geforderten Assoziationen, falls die Thematik bereits durch den Lehrer gewählt wurde.

Beispiele:

1.

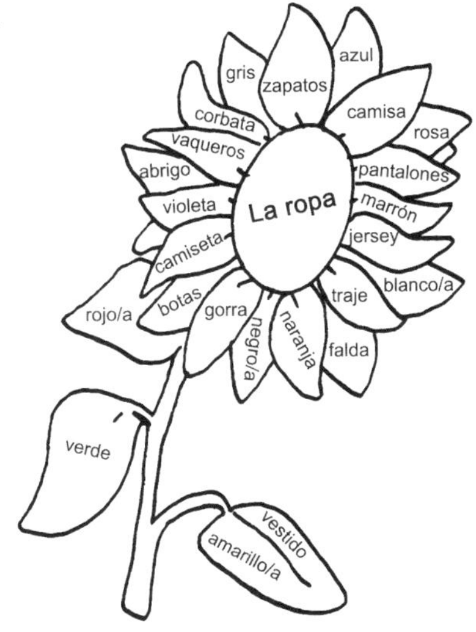

2.

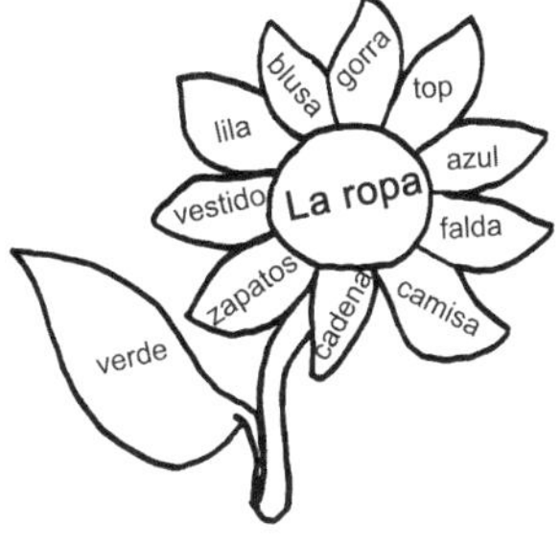

Weitere Hinweise:

- Es eignen sich auch weitere Pflanzen- oder Blumenformen für diese Methode (z. B. Edelweiß, Rose oder Ranken).
- Ferner kann die Sonnenblume mit Blütenblättern bzw. Blättern ergänzt oder sie kann um einige reduziert werden (Reduktion oder Ergänzung des Wortfeldes).

Kurzbeschreibung der Methode:

Den meisten Schülern gefallen Kurzgeschichten oder Märchen. Bei dieser Methode liest der Lehrer einen bekannten oder unbekannten Text vor, in dem neues Vokabular auftaucht. Der Lehrer kann vor dem zweiten Lesedurchgang Realien und / oder Bilder an die Schüler verteilen. Sobald die Schüler die neue Vokabel wiedererkennen oder meinen, dass ihr Wort vorgelesen wurde, müssen sie ihren Gegenstand auf das Pult legen oder ihr Bild an der Tafel fixieren.

Kurzgeschichte / Erzählung / Märchen, Realien oder Bilder

Durchführung:

- Beim ersten Lesedurchgang liest der Lehrer der Klasse den Text vor und kann bereits während des Lesens die neue Lexik einführen, indem er Bilder an der Tafel fixiert oder reale Gegenstände auf das Pult stellt.
- Durch die besondere Betonung und den Gegenstands- bzw. Bildbezug hören und sehen die Schüler das neue Wort.
- Bevor der zweite Lesedurchgang beginnt, wiederholt der Lehrer die neue Lexik noch einmal mithilfe seiner Realien oder Bilder und lässt die Schüler ggf. nachsprechen. Danach werden die Gegenstände oder Bilder an die Schüler verteilt.
- Beim zweiten Lesedurchgang müssen die Schüler die neue Lexik beim Hören wiedererkennen und den genannten Gegenstand auf dem Pult platzieren bzw. dessen Abbildung an der Tafel fixieren.

Beispiele:

Mögliche Themen für ein solches Vorgehen wären:

- *Navidad en España (el turrón, el belén, la Nochebuena ...)*
- *En el mercado (el plátano, negociar, la cesta, el puesto ...)*
- *Las vacaciones (la playa, broncear, alegre, los turistas ...)*

Weiterer Hinweis:

Es empfiehlt sich, bei Adjektiven oder Verben Bilder zu verwenden, die die Tätigkeiten oder den Zustand abbilden können. Zu abstrakte Lexik sollte anders semantisiert werden.

2.3 Vokabelkartei

Kurzbeschreibung der Methode:

Das Anfertigen einer Vokabelkartei (oder Lernbox) ist ein beliebtes Hilfsmittel vieler Schüler zum Einüben neu erlernter Lexik. Sie kann ständig erweitert oder überarbeitet werden und lässt sich außerdem thematisch sowie individuell abgrenzen und gestalten.

Karteikarten, Lernbox

Durchführung:

- Die Schüler schreiben das zu lernende Wort auf die Vorderseite der Karteikarte (z. *B. el andamio*) und notieren sich auf der Rückseite die deutsche Entsprechung (Baugerüst). Sie können jedoch auch die englische Entsprechung (*scaffold*) nehmen, einen spanischen Beispielsatz hinzufügen oder passende Illustrationen anfertigen. Die beschrifteten Karteikarten kommen in das erste Fach der Lernbox.
- Die Vokabeln werden der Reihe nach geübt. Sinnvoll ist es, sie kontextgebunden zu lernen (z. B. *Los pintores necesitan un andamio para pintar una casa de arriba abajo*). Ein schwieriges Wort oder ein Wort, das nicht richtig übersetzt wurde, kann im ersten Lernfach verbleiben, die korrekt übersetzten Wörter wandern in das nächste Lernfach.
- Es empfiehlt sich, die Vokabeln täglich zu wiederholen. Insbesondere schwierigere Wörter sollten kontextgebunden gelernt oder, sofern dies möglich ist, illustriert bzw. über Eselsbrücken (z. B. mithilfe von Reimen) gelernt werden. Bei mehrfacher Übung können bereits gelernte Wörter aus der Lernbox aussortiert werden.

Beispiel:

Vorderseite	Rückseite
	das Werkzeug
la herramienta	*Se necesitan herramientas*
	distintas para reparar
	un coche.

Kurzbeschreibung der Methode:

Das Anfertigen einer Mindmap dient dem strukturierten und übersichtlichen Zugang zur neuen Lexik und kann als sogenanntes *word web* (*red de palabras*) einen kreativen Einstieg oder Stundenausklang darstellen.

Durchführung:

- Die Schüler erhalten vom Lehrer einen vereinbarten Zeitrahmen und ein vorgegebenes Thema (z. B. *La escuela*), zu dem sie ihr „Wortnetz" anfertigen sollen.
- Das Thema wird an die Tafel geschrieben. Ausgehend vom zentralen Schlüsselwort sollen die Schüler nun neue assoziative Unterthemen und / oder Wortfamilien finden und diese systematisch ordnen.
- Die Anzahl der Unterthemen bzw. „Äste" hängt von der jeweiligen Lerngruppe ab und kann auch vom Lehrer vorgegeben werden.

Beispiel:

Weiterer Hinweis:

Bei der Sammlung an der Tafel sollte ggf. auf Karten zurückgegriffen werden, um eine leserliche und geordnete Struktur gewährleisten zu können.

Kurzbeschreibung der Methode:

Neu eingeführter Wortschatz lässt sich wunderbar spielerisch umwälzen und einprägen, indem man Wort / Bild-Dominosteine erstellt und das Domino in Kleingruppen spielen lässt.

vorgefertigte Wort / Bild-Dominosteine

Durchführung:

- Der Lehrer erstellt mit einer Dominofeld-Vorlage Wort- und / oder Bild-Dominosteine und gibt einen zeitlichen Rahmen für die Spielrunde vor (ca. 10 Minuten, abhängig von der Anzahl der Spielsteine).
- Es werden zunächst alle Dominosteine mit der Bild- bzw. Wortseite nach unten gelegt und anschließend gemischt. Eine zuvor festgelegte Anzahl an Steinen wird an die Mitspieler verteilt. Der Rest verbleibt auf dem Tisch. Sofern ein Mitspieler nicht anlegen kann, muss er einen Stein vom Stapel nehmen.
- Die Schüler suchen während des Spiels abwechselnd die passenden Hälften der Spielsteine und verbinden beispielsweise das spanische Wort mit der jeweilig deutschen Entsprechung oder dem Bildmotiv eines anderen Spielsteins. Derjenige, der alle Spielsteine zuerst einsetzen konnte, hat gewonnen.
- Es können beliebig viele Runden gespielt werden.

Beispiel:

La tortuga	

La araña	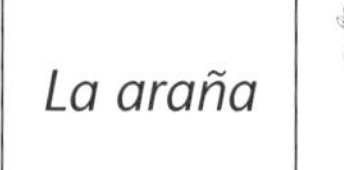 

La vaca	die Schildkröte

Weiterer Hinweis:

Es empfiehlt sich auch hier, bei Adjektiven und Verben Bilder zu verwenden, die die Tätigkeiten oder den Zustand abbilden können.

Kurzbeschreibung der Methode:

Thematischer Wortschatz lässt sich spielerisch durch ein Wort-Bingo wiederholen und umwälzen. Die Schüler üben noch einmal die Schreibweise und die Aussprache und ordnen die Begriffe kontextgebunden in ihr Weltwissen ein.

Durchführung:

- Jeder Schüler zeichnet eine kleine Tabelle (3 x 3 Felder) auf ein Blatt Papier oder in sein Heft.
- Der Lehrer gibt ein spezielles Thema vor (z. B. *Pobreza infantil*), zu dem die Schüler nun bestimmte Wörter, evtl. unter Zuhilfenahme ihrer Schulhefte oder Arbeitsblätter, heraussuchen. Sie tragen die neun Begriffe in je ein Feld ihrer Tabelle ein.
- Der Lehrer liest nun Definitionen oder Beschreibungen zum gewählten Thema vor, anhand derer die Schüler die gesuchten Begriffe erraten und mit ihren Wörtern abgleichen müssen. Befindet sich das Wort in seiner Tabelle, streicht es der Schüler durch.
- Derjenige Schüler gewinnt, welcher zuerst mindestens drei Begriffe entweder waagerecht, senkrecht oder diagonal markiert hat.

Beispiel:

Pobreza infantil

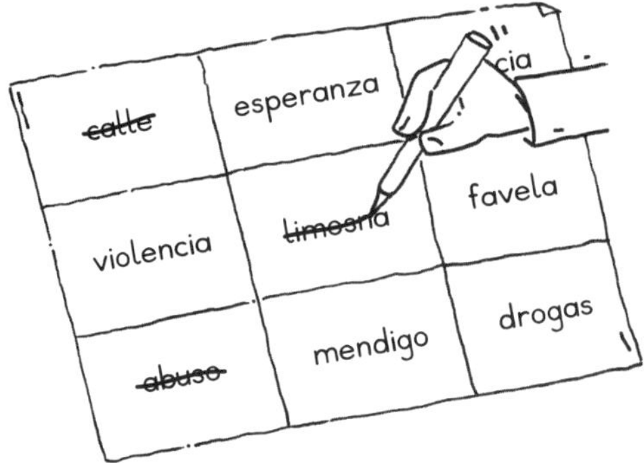

Weiterer Hinweis:

Der Sieger kann in der nächsten Runde die Rolle des Lehrers einnehmen und die gesuchten Begriffe vom Rest der Klasse erraten lassen.

Kurzbeschreibung der Methode:

Die Einführung, Bewusstmachung und Einübung neuer grammatikalischer Inhalte wird von vielen Schülern als langweilig oder unverständlich empfunden. Diese Methode bettet die neue grammatikalische Einheit in eine erzählte Geschichte ein und transportiert ganz nebenbei die neuen Strukturen und Anwendungsbereiche.

Durchführung:

- Der Leser (Lehrer) erzählt den Zuhörern (Schülern) eine fiktive Geschichte, wobei die neuen Flexionselemente (Endungen) der eingeführten Zeitform tragende Elemente der Erzählung werden (z. B. *El imperfecto*).
- Mithilfe bestimmter Signalwörter, in diesem Fall *cuando*, markiert der Leser mögliche Auslöser für die neue Zeitform und kann sie ggf. besonders sprachlich akzentuieren.

Beispiel:

*Cuando las niñas estaban en el parque, hablaban sobre muchas cosas: "Bl**aba-aba-aba**..." pero había también un burro detrás de su banco que decía: "**ía-ía-ía...**" ...*

Weitere Hinweise:

- Neben der fiktiven Erzählung eignen sich grafische Zusatzdarstellungen (s. Beispiel), um das Bewusstsein für das neue grammatikalische Phänomen zu fördern.
- Es lassen sich auch andere Zeitformen oder Sachverhalte in eine Geschichte verpacken (*El futuro* oder *El indefinido*).

Kurzbeschreibung der Methode:

Die Bearbeitung eines Kreuzworträtsels ist nicht nur für die Einübung von neuer Lexik geeignet, sondern kann ebenfalls für das Erlernen neuer grammatikalischer Formen von großem Nutzen sein. Die Formen müssen der Anweisung entsprechend gebildet und senkrecht oder waagerecht in das Gerüst eingetragen werden. Die Buchstaben in den markierten Feldern ergeben wiederum ein finales Lösungswort oder eine Phrase.

vorgefertigtes Kreuzworträtsel

Durchführung:

- Der Lehrer erstellt auf der Grundlage des grammatikalischen Phänomens ein Kreuzworträtsel und überlegt sich ein mögliches Lösungswort bzw. eine mögliche Phrase.
- Die Schüler lesen sich die Aufgaben durch und versuchen, diese korrekt zu lösen. Die Formen tragen sie dann in die entsprechenden Felder ein. Haben sie alle Aufgaben richtig beantwortet, erhalten sie ein Lösungswort oder eine Phrase.

Beispiel:

Las formas del imperfecto y pretérito indefinido

1. Imperfecto: llamar (vosotros)
2. Imperfecto: ver (tú)
3. Imperfecto: cocinar (yo)
4. Imperfecto: responder (nosotros)
5. Imperfecto: ser (él, ella, usted)
6. Imperfecto: estar (ellos, ellas, ustedes)
7. Imperfecto: hacer (yo)
8. Imperfecto: hablar (nosotros)
9. Indefinido: irse (yo)
10. Indefinido: caer (vosotros)
11. Indefinido: planchar (tú)
12. Indefinido: comer (él, ella, usted)
13. Indefinido: rogar (nosotros)
14. Indefinido: izar (ellos, ellas, ustedes)
15. Indefinido: salir (vosotros)
16. Indefinido: poner (tú)

Kurzbeschreibung der Methode:

Das Anfertigen eines kleinen „Grammatikbüchleins" (auch *Buddy-Book*) hilft den Schülern, grammatikalische Phänomene zu bündeln und zusammenzufassen. Das fertige Produkt kann als Nachschlagewerk sowie zum Wiederholen grammatikalischer Sequenzen benutzt werden.

DIN-A4-Papier, Schere

Durchführung:

- Der Lehrer teilt die Klasse in verschiedene Gruppen ein, die jeweils ein grammatikalisches Thema auf einer Seite zusammenfassen müssen (z. B. *Condicional, Indefinido, Perífrases verbales* etc.).
- Die Schüler basteln ihr Büchlein und sichten ihre Unterlagen (Arbeitsblätter, Schulbücher, Ausdrucke etc.) zum Thema. Sie einigen sich in ihrer Gruppe auf eine übersichtliche und logische Reduktion des Themas und geben Beispiele. Nach der Erarbeitungsphase rotieren die Schüler innerhalb der Klasse und stellen sich gegenseitig ihre Ergebnisse vor. Dabei tragen sie die fehlenden Informationen in ihr Büchlein ein, bis es komplettiert ist.

Faltanleitung:

Schritt 1

Das Blatt wird einmal längs gefaltet und wieder aufgeklappt.

Schritt 2

Das Blatt wird einmal quer gefaltet und wieder aufgeklappt.

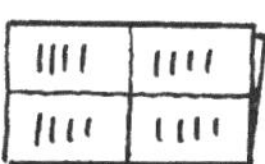

Schritt 3

Das Blatt wird zum „Zick-Zack-Dach" gefaltet und danach wieder auf A5 aufgeklappt.

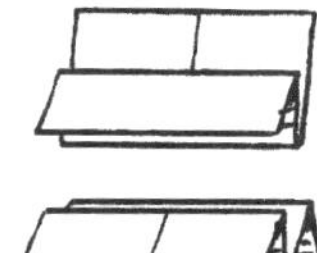

Schritt 4

Das Blatt wird von der geschlossenen Seite her entlang der Faltlinie bis zur Querfaltung eingeschnitten.

Schritt 5

Das Blatt wird vollständig aufgeklappt und wieder in der Länge gefaltet. Danach wird es zum Stern gefaltet.

Schritt 6

Das Blatt wird nun zum Buch gefaltet.

Kurzbeschreibung der Methode:

Ein „Grammatikwürfel" lässt sich in viele Bereiche des Spanischunterrichts integrieren. Bestimmte grammatikalische Phänomene (z. B. die Verbkonjugation) können somit spielerisch eingeübt werden.

Papier oder Pappe, Schere, Klebstoff

Durchführung:

- Die Schüler fertigen einen Würfel an. Sie schneiden ein kreuzähnliches Muster aus, wobei sie beim oberen Feld und den unteren beiden Feldern Kleberänder mit ausschneiden. Sie beschriften den Würfel gemäß der Aufgabenstellung (z. B. mit den Personalpronomen) und kleben diesen an den Rändern zusammen.
- In Paaren spielen die Schüler mit dem Würfel. Sie erhalten vom Lehrer eine Übersicht von Verben (Verbliste), die sie je nach gewürfeltem Personalpronomen in der geforderten Zeitform oder dem Modus korrekt konjugieren müssen. Die Schüler wechseln sich ab. Als weiterer Anreiz kann festgelegt werden, dass derjenige gewinnt, der die Verben am häufigsten richtig konjugiert hat.

Beispiele:

1.

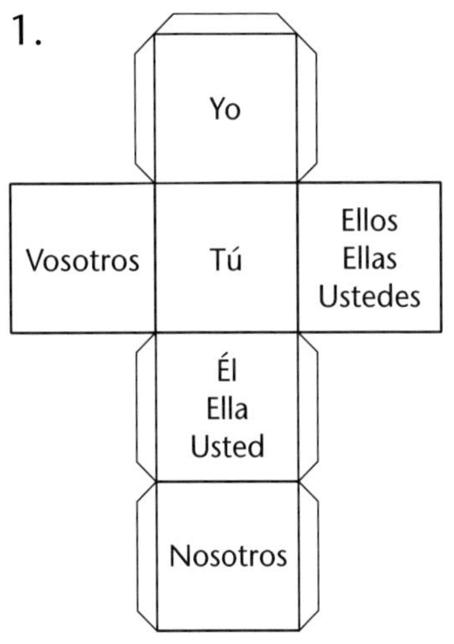

2.

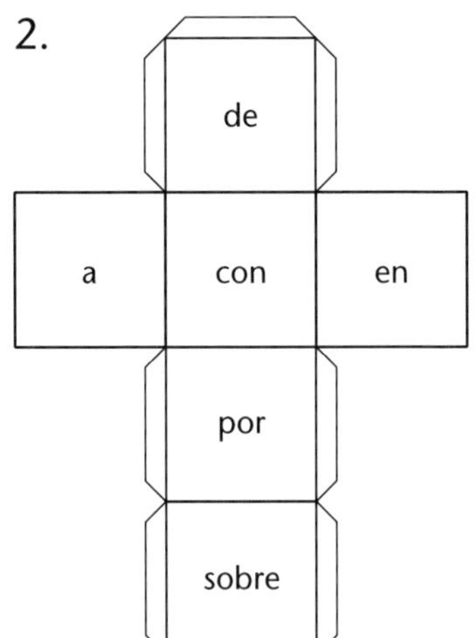

Weiterer Hinweis:

Ein Würfel zu den *perífrases verbales* oder *verbos preposicionales* sowie den unregelmäßigen Verben ist ebenfalls denkbar.

Kurzbeschreibung der Methode:

Das Einüben neuer grammatikalischer Formen kann auch spielerisch erfolgen. Ein Memory®-Spiel eignet sich nicht nur für die Einführung und Festigung neuer Lexik, sondern kann auch für das Erkennen und die Systematisierung neuer grammatikalischer Formen sinnvoll sein. Diese Methode kann idealerweise in Zweier- oder Vierergruppen realisiert werden.

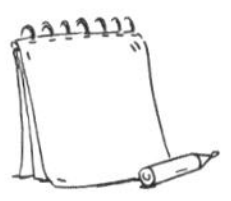

vorgefertigte Memory®-Kärtchen

Durchführung:

- Der Lehrer erstellt auf der Grundlage eines oder mehrerer grammatikalischer Phänomene Memory®-Kärtchen, erklärt die Regeln und legt einen Zeitrahmen fest.
- In Zweier- oder Vierergruppen versuchen die Schüler, möglichst viele Kartenpaare zu finden, die zueinander passen. Die Kärtchen werden zunächst verdeckt auf den Tisch gelegt und gründlich durchgemischt. Nacheinander drehen die Spieler jeweils zwei Karten um. Sollten sie zueinander passen, darf der Spieler noch einmal ziehen. Gewonnen hat derjenige, der die meisten Kartenpaare gesammelt hat.
- Das Memory®-Spiel kann für jedes grammatikalische Phänomen angewendet werden. Den Schülern sollte jedoch im Vorfeld transparent gemacht werden, welche Kombinationspaare beim Spielen möglich bzw. gesucht sind (z. B. ***tengo*** *– presente →* ***tuve*** *– indefinido*).

Beispiel:

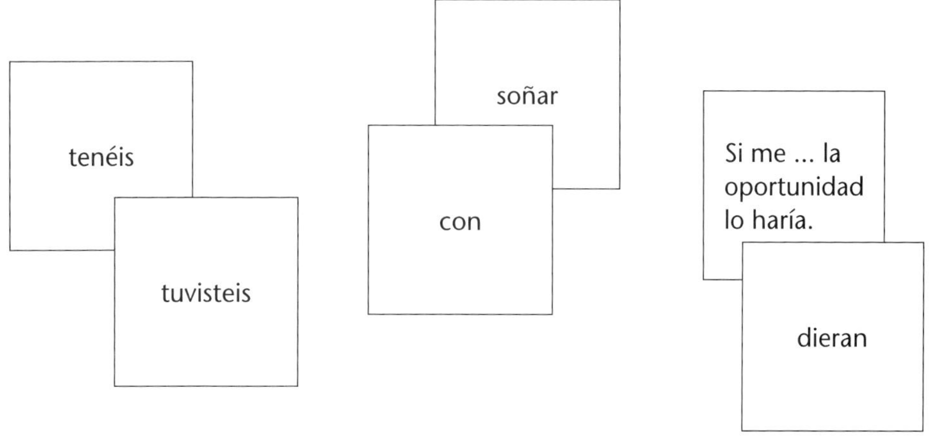

Kurzbeschreibung der Methode:

Das Fischgräten-Diagramm eignet sich für die Auseinandersetzung mit einem beliebigen Text auf der Inhaltsebene. Die Schüler erarbeiten sich mithilfe der spanischen Fragen (dt. W-Fragen) die wichtigsten Fakten des Textes und haben diesen im Anschluss als kurze Zusammenfassung vorliegen.

beliebige Textgrundlage, vorgefertigte Kopie des Fischgräten-Diagramms

Durchführung:

- Der Lehrer teilt den Text aus und lässt ihn lesen. Während des ersten Lesedurchgangs verschaffen sich die Schüler einen ersten Eindruck vom Text. Fragen zu unbekannten Strukturen oder Wortschatz können im Vorfeld geklärt werden.
- Beim zweiten Lesedurchgang arbeiten die Schüler mit dem Fischgräten-Diagramm und können wichtige inhaltliche Aspekte notieren. Nach jeder Einzelarbeitsphase sollte eine Austauschphase mit dem Partner erfolgen, bei der sich die Schüler ihre Ergebnisse gegenseitig vorstellen und diese ggf. ergänzen können.
- Der Lehrer sichert das Textverständnis entweder durch die Abfrage der einzelnen Fragewörter oder legt das Fischgräten-Diagramm als OHP-Folie auf und lässt die Schüler ihre Ergebnisse darin eintragen und diskutieren.

Beispiel:

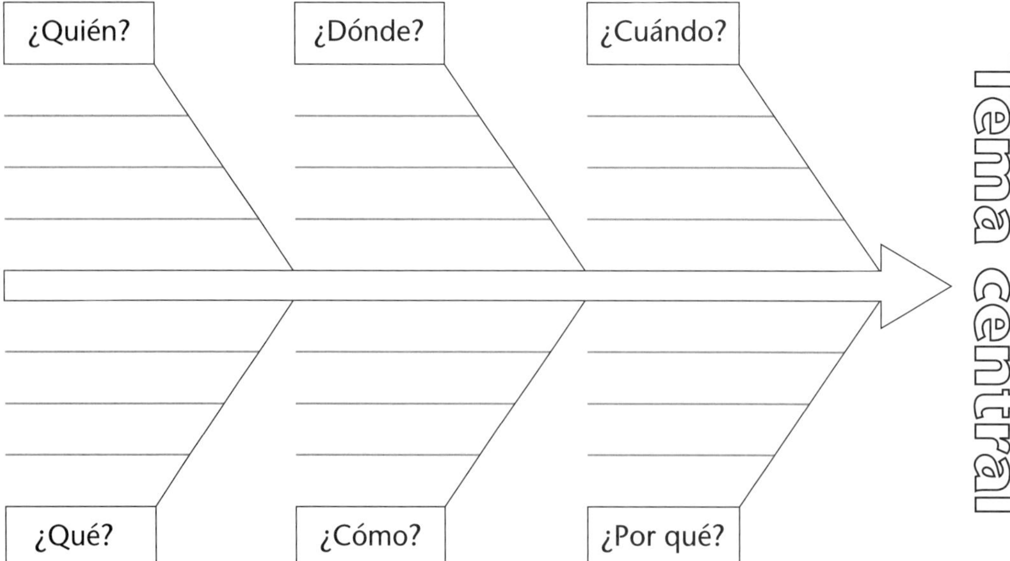

Kurzbeschreibung der Methode:

Ein Lesetagebuch hilft Schülern dabei, bereits Gelesenes zu rekapitulieren und noch einmal zu verschriftlichen. Mithilfe ihrer Aufzeichnungen können sie sich an besonders wichtige Textstellen erinnern und dabei ihre eigenen Gedanken und Gefühle niederschreiben.

Schreibheft oder als Buch gefaltetes Papier

Durchführung:

- Die Schüler verfassen und gestalten auf der Grundlage ihrer zu lesenden Ganzschrift ein eigenes Lesetagebuch und können dieses kapitelweise oder nach themenspezifischen Untereinheiten aufgliedern. Der Lehrer kann auf Wunsch einzelne Textstellen besonders hervorheben und zu kreativen Aufgaben anleiten oder anregen.
- Die Schüler gestalten und schreiben ihr Lesetagebuch in eigener Verantwortung und bestimmen zum großen Teil selbstständig die Inhalte ihres Werkes.

Beispiele:

1. Kapitel zusammenfassen oder umschreiben
2. Einen neuen Anfang oder ein neues Ende kreieren
3. Steckbriefe über die Protagonisten entwerfen oder eigene ausgedachte Biografien entwickeln
4. Eine Buchrezension oder einen Zeitungsartikel verfassen
5. Ein Buchcover oder eine Bildergeschichte gestalten
6. Einen inneren Monolog oder einen fiktiven Dialog anfertigen

Usw.

Kurzbeschreibung der Methode:

Diese Methode lehnt sich an das *Antes, durante y después de la lectura*-Prinzip an. In abgrenzbaren und kleinschrittigen Lesephasen sollen die Schüler einen strukturierten und verständlichen Zugang zu Texten erhalten, um mit diesem aufgabengeleitet selbstständig arbeiten zu können.

geeigneter Text

Durchführung:

- ***Acercamiento al texto* (Überblick)**: Die Schüler verschaffen sich schnell einen groben Textüberblick und erkennen beim Überfliegen (Teil-)Überschriften, Schlagwörter (*títulos, subtítulos, palabras clave* etc.), abstrakte Begrifflichkeiten oder ein besonderes Layout (*maqueta especial*).
- ***Preguntas* (Fragen)**: Die Schüler stellen Fragen zum Text *(Cómo, Dónde, Por qué, Cuándo, Quién, Qué …)* und unterstreichen oder notieren unklare Textstellen bzw. Begrifflichkeiten. *¿De qué trata el texto?* steht hier im Vordergrund. An Vorwissen sollte angeknüpft werden.
- ***Lectura cuidadosa* (gründliches Lesen)**: Der Text wird wiederholt gründlich gelesen. Wichtige Informationen und Begrifflichkeiten werden (sparsam) unterstrichen. Unbekanntes wird schriftlich festgehalten und kann mithilfe eines (digitalen) Lexikons beantwortet werden.
- ***Conclusión* (Zusammenfassung)**: Alle Unterstreichungen und Aufzeichnungen werden schriftlich zusammengefasst. Auch die Anfertigung von Mindmaps, Diagrammen, Schaubildern oder Skizzen ist denkbar.
- ***Repaso* (Wiederholung)**: Die Schüler versuchen noch einmal, ihre Ausgangsfragen (mündlich oder schriftlich) zu beantworten und wiederholen die wichtigsten Informationen des Textes, um in einem weiteren Schritt eine kurze Präsentation ihrer Ergebnisse halten zu können.

Kurzbeschreibung der Methode:

Hier arbeiten vier Schüler an einem (meist komplexen) Text und versuchen, diesen mithilfe einer festgelegten Rollen- und Aufgabeneinteilung (A–D) zu entschlüsseln und besser zu verstehen.

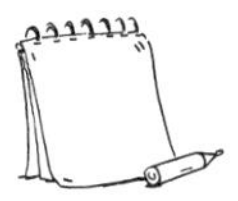

geeigneter Text, Rollenkarten

Durchführung:

- Der Lehrer verteilt einen anspruchsvollen, längeren Text und legt einen Bearbeitungszeitrahmen fest. Die Schüler finden sich in Vierergruppen zusammen, in denen es jeweils eine Person A, B, C und D gibt (Rollenkarten). Die Aufgaben der jeweiligen Rollen werden vor der Texterarbeitungsphase im Plenum besprochen und bestehende Fragen geklärt.
- ***Trabajo individual*** **(Einzelarbeitsphase)**: Die Schüler lesen den ersten Abschnitt des Textes in Einzelarbeit und markieren, notieren, visualisieren oder resümieren wichtige Inhalte oder Textstellen.
- ***Trabajo en equipo*** **(Gruppenarbeitsphase)**: Gemäß den Arbeitsanweisungen formuliert Person A beispielsweise inhaltliche Fragen zum gelesenen Abschnitt, die die anderen Gruppenmitglieder beantworten müssen. Person B schlägt nach der Beantwortung eine Kurzzusammenfassung des ersten Abschnitts vor, die die anderen Mitglieder beurteilen müssen. Person C ist für schwierige grammatikalische, lexikalische oder stilistische Merkmale zuständig und klärt mithilfe der Gruppenkameraden mögliche Schwierigkeiten oder Missverständnisse. Person D resümiert den ersten Abschnitt noch einmal abschließend und stellt Vermutungen an, worum es sich in dem darauffolgenden Textabschnitt handeln könnte. Beim nächsten Abschnitt wechseln die Rollen im Uhrzeigersinn; das Vorgehen bleibt dasselbe, bis alle Textabschnitte besprochen worden sind.

Beispiel:

Person A: *"¿A qué se refiere el autor diciendo …? ¿Qué significa …?"*
Person B: *"Yo pienso que se puede resumir este párrafo mencionando que …"*
Person C: *"¿Ya conocéis las formas gramaticales en la línea …? ¿Qué significa …?"*
Person D: *"En conclusión se puede decir …, El párrafo siguiente podría tratar de …"*

4.5 Standbild

variabel | ab 2. Lj.

Kurzbeschreibung der Methode:

Ein Standbild lässt sich im Spanischunterricht gut bei der Behandlung verschiedener Lektüren oder Texte *(novelas, cuentos, poemas* etc.*)* erstellen. Mehrere Schülergruppen planen und inszenieren einen „eingefrorenen" Moment und bilden wichtige Schlüsselszenen oder Wendepunkte einer Handlung ab.

geeigneter Text

Durchführung:

- Der Lehrer teilt die Schüler gemäß der Lektüre oder des Textes in verschiedene Gruppen ein (kapitel- oder abschnittsweise). Die Schülergruppen lesen ihren Textabschnitt und diskutieren über eine mögliche szenische Darstellungsform, die den Inhalt und die Stimmung des Gelesenen am besten abbilden kann. Gestik, Mimik, Körperhaltung, Position und das Einbeziehen bestimmter Realien (Objekte) sollten auf den Inhalt aufbauen.
- Jeweils ein Schüler ist der Regisseur oder „Standbildhauer", der seine „Darsteller" positioniert. Der Aufbau des Standbilds geschieht wortlos.
- In der Präsentationsrunde stellen nun alle Gruppen nacheinander dem Plenum ihre Standbilder vor. Die Zuschauer beschreiben zunächst, was sie sehen, und versuchen, die Wirkung und die Intention zu erraten. Danach können die jeweiligen Gruppen ihre Beweggründe zu ihrem Standbild preisgeben und erläutern.

Beispiel:

Die Schüler stellen Cristóbal Colóns Eroberung Amerikas nach, als er zum ersten Mal amerikanisches Festland betritt und den indigenen Bewohnern gegenübersteht.

Kurzbeschreibung der Methode:

Bei der Einführung und Behandlung von Texten im Spanischunterricht kann eine Vielzahl unterschiedlicher Aktivitäten den Leseprozess steuern und sinnvoll begleiten sowie thematisch anreichern.

geeigneter Text

Durchführung:

- **VOR dem Lesen** ***(Antes de la lectura)***:
  Hinführung / Einstimmung auf den Text, Bezug schaffen und Interesse wecken, Klärung des Kontexts sowie Reaktivierung bereits gesammelter Erfahrungen oder Kenntnisse
  Einstieg und Vorentlastung sind möglich durch den Einsatz von Bildern / Covern, Zitaten, Schlagzeilen, Comics, Realien, Liedern, Lückentexten oder Blitzlichtdiskussionen zu provokanten Fragestellungen. Die Anfertigung von thematischen Wortnetzen sowie die Vorentlastung grammatikalischer oder interkultureller Besonderheiten sind empfehlenswert.
- **WÄHREND des Lesens** ***(Durante la lectura)***:
  Erleben des Leseprozesses und Bearbeitung der Arbeitsaufträge, Erfassung des Textes und seines Inhalts
  Mögliche Aufgaben sind Hypothesen äußern und überprüfen, Visualisierungen / Schemata / Skizzen des Gelesenen anfertigen, Text(teile) erspielen oder umschreiben, relevante und wichtige Textpassagen markieren und notieren, Textabschnitte zusammenfassen, mögliche Textlücken oder Aussparungen ergänzen, Inhalt, Form und Intention des Textes erörtern, Thesen aufstellen, Charakterisierungen anfertigen etc.
- **NACH dem Lesen** ***(Después de la lectura)***:
  Rekapitulation zentraler Fragen oder Aspekte
  Die Ergebnisse werden im Plenum geklärt, verglichen, präsentiert und evaluiert. Eine Vernetzung und ein Transfer zu anderen Themenbereichen können durch ein Rollenspiel, die Anfertigung einer Rezension oder eines Zeitungsartikels, eine Podiumsdiskussion etc. erfolgen.

Kurzbeschreibung der Methode:

Das Hörverstehen kann ganz einfach in spielerischer Form eingeübt und überprüft werden. Verschiedene Spiele oder Aktivitäten können bereits gelernte Aspekte des Spanischunterrichts aufgreifen und versprachlichen.

evtl. Realien bzw. Bildkarten, evtl. CD-Spieler oder anderes tongebendes Medium

Durchführung:

1. Bei der Einführung oder Behandlung von Präpositionen müssen die Schüler Gegenstände an den unterschiedlichsten Orten im Klassenraum platzieren. Beispiele: *"Pon este florero* ***en*** *la repisa* ***a tu lado****.", "Pon tu cartera* ***debajo de*** *la mesa de Laura."*
2. Eine Alternative bietet ein Versteckspiel mit Objekten im Klassenraum. Ein oder zwei Schüler verlassen kurzzeitig den Raum und es werden Objekte versteckt. Die Mitschüler müssen dann erklären, wo sich das gesuchte Objekt befindet. Sie benutzen hierbei ihren neu erlernten Wortschatz mithilfe der Präpositionen. Beispiel: Schüler: *"¿Dónde está el objeto?"* Klasse: *"Está* ***cerca de*** *la estantería y tienes que buscar* ***detrás de*** *los libros. Está* ***entre*** *dos diccionarios."*
3. Es können ferner auch Einkaufssituationen mit Kleidungsstücken oder Lebensmitteln geschaffen werden. Der Lehrer erstellt Bildkarten oder bringt die Realien mit und verteilt sie im Klassenraum. Er sagt einzelnen Schülern, was sie einkaufen müssen.
   Beispiele: *"Compra dos kilos de fresas y dos botellas de agua sin gas.", "Compra una blusa azul, una falda negra y unos zapatos grises."*
4. Eine weitere Alternative ist der Einsatz von tongestützten Medien, die Instruktionen zum Nachmachen geben. Es können beispielsweise Tanzschritte erklärt oder Sportübungen angeleitet werden.
   Beispiel: *"Salta a la cuerda durante cinco minutos. Después separa las piernas y haz diez sentadillas hasta que las rodillas formen un ángulo recto. Echa los glúteos hacia atrás."*

5.2 Diktat

5–10 Min. | ab 1. Lj.

Kurzbeschreibung der Methode:

Das Vorlesen bzw. Diktieren eines unbekannten Textes kann heutzutage immer noch gut zur Überprüfung von Hörverstehens- und Orthografiekenntnissen im Spanischunterricht angewendet werden. Verschiedene Formen des Diktats lassen sich in fast jeder Stunde realisieren und schulen die funktionale Kompetenz des Schreibens und des Hörverstehens.

geeigneter Text

Durchführung:

- **Variante 1** ***(dictado tradicional)***: Der Lehrer liest den Schülern einen unbekannten spanischen Text vor. Beim ersten Vorlesedurchgang hören die Schüler zu, ohne mitzuschreiben. Beim zweiten Lesedurchgang diktiert der Lehrer den Schülern den Text abschnittsweise. Sie versuchen, das Gehörte zu verstehen und gleichzeitig zu verschriftlichen. Beim dritten Lesedurchgang wiederholt der Lehrer noch einmal den gesamten Text und die Schüler können das Mitgeschriebene mit dem Gehörten vergleichen.
- **Variante 2** ***(dictado en parejas)***: Beim Partnerdiktat teilen sich die Schüler in Zweiergruppen auf. Der Lehrer teilt jedem Pärchen entweder zwei unterschiedliche Texte oder zwei verschiedene Hälften eines ganzen Textes aus. Die Partner einigen sich darauf, wer zuerst diktiert und wer schreibt. Die Schritte bleiben wie bei der klassischen Variante dieselben:

1. Vorlesen des gesamten Textes und Zuhören
2. Abschnittsweise diktieren und mitschreiben
3. Abschließendes Vorlesen des gesamten Textes und mögliche Korrektur.

Die Rollen wechseln nach der Auswertung und Korrektur des Fremdtextes.

Kurzbeschreibung der Methode:

Bei dieser Methode wird den Schülern ein vom Lehrer ausgewählter Hörtext vorgespielt, zu dem sie sich künstlerisch äußern sollen. Sie versuchen, anhand von möglichen Geräuschen, Musik oder Stimmen ein Setting bzw. eine Situation zu verorten, zu bestimmen und herauszuhören. Ihre Vermutungen, Ideen und/oder Gedanken halten sie dann in einem Bild oder einer Zeichnung fest.

geeigneter Hörtext, CD-Spieler oder anderes tongebendes Medium

Durchführung:

- Der Lehrer spielt die unbekannte Tonspur vor. Beim ersten Hördurchgang hören die Schüler aufmerksam zu und versuchen, erste Ideen für ein mögliches Setting bzw. eine mögliche Situation herauszuhören (ggf. Notizen machen).
- Beim zweiten Hördurchgang versuchen die Schüler, ihre Vermutungen zu bestätigen oder zu revidieren. In einer kurzen Austauschphase mit ihrem Sitznachbarn teilen sie sich gegenseitig ihre Vermutungen über mögliche Handlungsorte, Figuren, Geräusche etc. mit und vergleichen ihre Aufzeichnungen.
- Nach dem Partneraustausch beginnen die Schüler, auf der Grundlage ihrer Notizen und dem Partnergespräch, mit der Anfertigung einer Zeichnung bzw. eines Bildes. Die verschiedenen Produkte können den Mitschülern in einer anschließenden Vorstellungsrunde präsentiert werden, sodass eine Diskussion folgen kann.

Beispiele:

1. *En el supermercado / restaurante / aeropuerto / colegio / mercado ...*
2. *En la cafetería / estación central / tienda / fiesta / universidad ...*

Weiterer Hinweis:

Der Hörtext bzw. die Tonspur sollte eine maximale Dauer von fünf Minuten nicht überschreiten.

Kurzbeschreibung der Methode:

Da es sich beim Hörverstehen um einen komplexen mentalen Prozess handelt, gilt es, die verschiedenen Stufen dieser rezeptiven Fertigkeit genauer zu unterscheiden. Um diese Stufen (1. Stufe: Globalverstehen, 2. Stufe: Selektives Verstehen, 3. Stufe: Detailverstehen) zu schulen, können unterschiedliche Methoden angewandt werden.

geeigneter Hörtext, CD-Spieler oder anderes tongebendes Medium

Durchführung:

1. ***Audición global*** **(Globalverstehen)**: Hier steht die thematische und pragmatische Erfassung des Gehörten im Vordergrund. Fragen zur impliziten / expliziten Art der Information sowie zur Kommunikationssituation oder Anzahl der Sprecher können den Schülern gestellt werden (z. B. *¿De qué trata el texto? ¿Cuántas personas habéis escuchado? ¿Hay un título adecuado para este recorte auditivo? ¿Quién habla?*). Der Einsatz von Fragen, Zuordnungsübungen oder Wahr- / Falsch-Aufgaben ist hierbei möglich.

2. ***Audición selectiva*** **(Selektives Verstehen)**: Hier geht es um die spezifische Informationsentnahme aus dem Hörtext. Mithilfe expliziter Fragen zum Gehörten kann das Verständnis abgeprüft werden (z. B. *¿Cómo se llama la empresa? ¿A qué hora empieza la función? ¿Cuánto cuesta un kilo de tomates?*). Die Beantwortung von Fragen, das Verbinden oder Ankreuzen von Antworten sowie das Eintragen von Informationen in eine Liste sind mögliche Übungen.

3. ***Audición detallada*** **(Detailverstehen)**: Hier geht es um die Haupt- und Nebenaussagen, den Handlungsverlauf, mögliche Personen- oder Objekteigenschaften, Handlungsziele oder bestimmte Haltungen, Emotionen und Stimmungen (z. B. *¿Cómo ha pasado el accidente? ¿Por qué le han controlado en la aduana? ¿Cómo se sienten las personas afectadas en esta situación? ¿Qué opinan?*). Übungen hierbei können Detailfragen, Tabellen, unvollständige Satzphrasen, Lückentexte etc. sein.

Kurzbeschreibung der Methode:

Die Arbeit mit spanischsprachigen Filmen ist ein wichtiger Bestandteil für die Schulung des Hör-/Sehverstehens. Mimik, Gestik, Körpersprache, Sprachauthentizität sowie die (inhaltliche) interkulturelle Kompetenz können dabei geschult werden.

geeigneter Film, Computer mit Beamer

Durchführung:

- Der Lehrer wählt einen der Klassenstufe entsprechenden Film(ausschnitt) aus und präsentiert ihn den Schülern. Vor dem Vorspielen erhält die Klasse Hör-/Sehaufträge (z.B. in Form eines Arbeitsblatts mit Fragen oder anderen Aufgabenformaten).
- Die Schüler machen sich mit ihren Arbeitsaufträgen vertraut und verfolgen den Film aufmerksam. Der Lehrer legt sequenzgerechte Pausen ein, damit die Schüler ihre Aufträge bearbeiten können.
- Nach dem Vorführen des Filmes oder der Sequenz können die Schüler ihre Aufzeichnungen in Partnerarbeit vergleichen. Sie überprüfen, ob sie Gehörtes und Gesehenes richtig verstanden und die Aufgabe entsprechend beantwortet haben.

Beispiele:

Möglichkeiten, Gehörtes und Gesehenes aufzuarbeiten (*Antes, durante, después de la proyección*):

1. Nachspielen oder Umschreiben (z.B. durch Perspektivenwechsel oder alternatives Ende) einzelner Szenen sowie Nachsprechenlassen (im Ton aus-Modus)
2. (Fiktive) Interviews führen, ein Standbild erarbeiten, Debatte
3. Anfertigen eines Kinoplakats, Verfassen eines Monologs oder Soundtracks etc.

Weiterer Hinweis:

Auf Sprechtempo, Dialekt oder Slang sollte geachtet werden. Letztere sollten zudem thematisiert bzw., wenn möglich, transkribiert werden.

Kurzbeschreibung der Methode:

Beim Vorlesen eines bekannten Textes durch den Lehrer trainieren die Schüler ihr Hörverstehen und ihre Merkfähigkeit und können darüber hinaus verdrehte oder falsche Sachverhalte bestimmen und korrigieren. Mithilfe von Gestik, Mimik und Körperhaltung oder dem Einsatz von Realien kann eine Fehlergeschichte noch interessanter gestaltet und vorgetragen werden.

geeigneter Text

Durchführung:

- Der Lehrer erklärt das Verfahren und die Aufgabenstellung.
- Nun liest er einen bekannten Text vor (z. B. Märchen oder Kurzgeschichte) und die Schüler erhalten den Auftrag, mögliche Fehler herauszuhören und sich diese zu notieren. Denkbar ist auch ein optisches Signal durch die Schüler (z. B. durch Heben des Armes), sobald sie einen Fehler bemerken.
- Es empfiehlt sich, entweder einen frei vorgetragenen Text (mithilfe von Stichwörtern und Fehlermarkierungen) zu nehmen oder auf eine allseits bekannte Grundlage zurückzugreifen. Der Lesedurchgang sollte mindestens zweimal wiederholt werden.
- Die gefundenen Fehler werden im Plenum ausgewertet und korrigiert.

Weitere Hinweise:

- Der Text kann auch von einem Schüler vorgelesen und präsentiert werden. Auf eine gründliche Vorbereitung sollte jedoch geachtet werden, um beispielsweise nicht beabsichtigte Aussprachefehler im Vorfeld zu vermeiden.
- Eine mögliche (schwierigere) Variante stellt auch das Vorlesen eines Textes dar, bei dem die Zeitformen falsch gesetzt wurden (z. B. *Indefinido* statt *Imperfecto*).

Kurzbeschreibung der Methode:

Die Spickzettelmethode eignet sich besonders für die Arbeit an zwei verschiedenen Texten. Die Schüler lesen ihren Text und markieren sowie notieren sich wichtige Textpassagen.

Karteikarten, Zettel, zwei geeignete Texte

Durchführung:

- Die Schüler bilden Zweiergruppen (A und B) und erhalten vom Lehrer die jeweilig zu lesenden und zu bearbeitenden Texte.
- Beim individuellen Lesedurchgang *(Trabajo individual)* markieren die Schüler essentielle Textstellen und schreiben sich wichtige Informationen heraus.
- Mit den gesammelten Informationen fertigen die Schüler einen „Spickzettel" *(chuleta)* mit nicht mehr als fünf bis zehn Schlüsselbegriffen an *(palabras y aspectos clave)*. Zeichnungen, Diagramme, Skizzen oder andere visuelle Schemata können ebenso auf einer Karteikartenseite hinzugefügt werden.
- Nach der Einzelarbeitsphase kommt es zum Austausch zwischen Person A und B *(Trabajo en equipo)*. Die Schüler tauschen sich über ihre Ergebnisse aus und präsentieren ihre Stichpunkte auf der Karteikarte. Der jeweils zuhörende Schüler macht sich auf der (leeren) Rückseite seiner Karteikarte Notizen über den unbekannten Text und stellt ggf. Fragen. Eine abschließende Ergebnispräsentation und -evaluation sollte im Anschluss erfolgen.

Beispiel:

Texto A: *Agricultura intensiva*

✓ *invernaderos*
✓ *capitalización*
✓ *productividad de la tierra*
✓ *incremento de productos*
✓ *daños ambientales*

Texto B: *Agricultura ecológica*

✓ *recursos naturales*
✓ *conservación*
✓ *fertilización*
✓ *alimentos saludables*
✓ *equilibrio con el ecosistema*

Kurzbeschreibung der Methode:

Kreative Schreibanlässe bieten sich im Spanischunterricht immer wieder an. Die Anregung der Fantasie sowie das Üben der funktional kommunikativen Kompetenz des Schreibens stehen hierbei im Vordergrund.

evtl. große Papierbögen

Durchführung:

1. **Autobiografie** ***(autobiografía)***: Die Schüler erinnern sich an einschneidende oder für sie bedeutsame Erlebnisse und versuchen, diese in drei bis fünf möglichen Kapitelüberschriften zu formulieren. Danach kommen jeweils vier Schüler in einer Gruppe zusammen und stellen sich gegenseitig ihre Überschriften vor. Die Gruppenmitglieder stimmen über die am interessantesten klingende Überschrift ab, sodass unter der gewählten Überschrift der einseitige Kurzeintrag vom Autor selbst verfasst werden muss. Bei der Vorstellung der Ergebnisse im Plenum wird zunächst spekuliert, was passiert sein könnte, bevor der Autobiograf aus seinem „Werk vorliest".
2. **Innerer Monolog** ***(monólogo interior)***: Die Anfertigung eines inneren Monologs bietet sich vor allem bei dramatischen Lektüren oder Sachtexten an, die eine gefühlsmäßige Betroffenheit auslösen. Den Schülern sollte vor der Abfassung eine Liste mit Kriterien an die Hand gegeben werden, damit die Ergebnisse nach der Präsentationsphase im Plenum ausführlich und transparent evaluiert werden können.
3. **Werbetexte** ***(textos publicitarios)***: Die Erstellung von Werbeplakaten *(carteles publicitarios)* und den dazugehörigen Werbetexten macht Schülern besonders viel Spaß. Sie erfinden und kreieren auf der Grundlage fiktiver Produkte aussagekräftige Werbeplakate und präsentieren diese dem Plenum. Folgende Kriterien für ein gelungenes Werbeplakat sollten vorher besprochen und erläutert werden: *tipografía ancha y clara, un eslogan informativo, una imagen provocativa y llamativa, diseño simple y estructurado, mensaje / texto breve pero provocativo y informativo, uso de rasgos estilísticos como anáforas, metáforas, elipses, préstamos y un tamaño apropiado.*

Kurzbeschreibung der Methode:

Bei der Haiku-Methode schreiben die Schüler ein Kurzgedicht in drei Versen. Die aus Japan stammende Gedichtform ist vor allem als Einstieg in die spanische Lyrik geeignet, da sie die Schüler verständlich und vor allem in kurzer, prägnanter Form dazu veranlasst, ein eigenes spanisches Gedicht zu einem beliebigen Oberthema zu verfassen.

evtl. große Papierbögen

Durchführung:

- Die Schüler erhalten vom Lehrer ein beliebiges Oberthema (z.B. *amor prohibido, la fugacidad del tiempo etc.*) und sammeln zunächst geeignete Substantive, Adjektive oder Verben, die zu dem Thema passen.
- Nachdem die Schüler ihre Wörter aufgelistet haben, versuchen sie, anhand der Haiku-Gedichtform (erster Vers: fünf Silben, zweiter Vers: sieben Silben, dritter Vers: fünf Silben) ein eigenes stichhaltiges und aussagekräftiges Kurzgedicht zu verfassen.
- Die Ergebnisse werden auf einem Plakat oder einem Papier festgehalten und können zudem mit zusätzlichen Dekorationen oder Ornamenten verziert werden. Danach werden die Produkte in der Klasse aufgehängt und vorgestellt. Die Präsentation kann auch in Form eines Museumsrundgangs erfolgen. Eine Evaluation bzw. Kür des gelungensten Gedichts kann als weiterer Ansporn dienen.

Beispiele:

1. *Este camino*
   nadie ya lo recorre,
   salvo el crepúsculo.

   (Matsuo Basho, 1644–1694)

2. *De no estar tú,*
   demasiado enorme
   sería el bosque.

   (Kobayashi Issa, 1763–1827)

Weiterer Hinweis:

Auf der Grundlage eines Haiku-Gedichts können die Schüler auch passende Kurzgeschichten kreieren oder mehr Verse einfügen bzw. diese als Sonett *(soneto)* ausbauen und -formulieren.

Kurzbeschreibung der Methode:

Beim (stummen) Schreibgespräch kommunizieren die Schüler nonverbal-schriftlich miteinander, indem sie auf einem gemeinsamen Blatt / Plakat / Poster alle ihre Gedanken und Ideen zu einem vorgegebenen Thema festhalten.

große Papierbögen

Durchführung:

- Der Lehrer gibt ein (strittiges oder provokantes) Thema bzw. eine Leitfrage oder These vor. Die Schüler werden an die Regel erinnert *(¡No hay más que hablar!)*. Ein Zeitrahmen wird festgelegt und es werden beliebige Gruppen gebildet. Jede Gruppe erhält einen gemeinsamen Papierbogen, auf dem ihre Gedanken und Ideen festgehalten werden können. Auf Anweisung des Lehrers (Stillzeichen) beginnen die Schüler in den einzelnen Gruppen mit der stillen und schriftlichen Kommunikation.
- Während der Schreibkonferenz dürfen die Schüler auf die Aspekte ihrer Gruppenmitglieder schriftlich Bezug nehmen bzw. diese kommentieren. Es darf jedoch nicht gesprochen werden. Es besteht außerdem die Möglichkeit, innerhalb der Gruppe einen gemeinsamen Text zu kreieren, eine übersichtliche Struktur, in Form von Schemata, zu gestalten oder eine Stichwortliste anzufertigen.

- Auf Anweisung des Lehrers wird das Schreibgespräch beendet. Die Ergebnisse werden im Plenum ausgewertet und evaluiert.

Beispiele:

1. *Cuentos: Érase una vez un cisne blanco que tenía cuatro hijitos preciosos...*
2. *Viaje fantasioso: ¿Cómo sobrevivir en una isla desierta?*
3. *Planes: ¿Qué debo hacer después de la escuela?*
4. *Ideas: ¿Qué hacer en caso de terremoto?*

Kurzbeschreibung der Methode:

Bei der Fließbandkorrektur erhalten die Schüler innerhalb festgelegter Gruppen unterschiedliche Aufgaben und korrigieren sprachliche Fehler bei ihren Mitschülern.

Durchführung:

- Der Lehrer teilt die Klasse in Vierergruppen und Experten (**A–D**) ein und benennt die Korrekturschwerpunkte für die Gruppenmitglieder. Ein Bearbeitungszeitrahmen wird festgelegt und mögliche Fragen werden im Vorfeld geklärt.
- Innerhalb der Gruppen rotieren die (Fremd-)Texte der Mitschüler, sodass jeder Text von allen Gruppenmitgliedern gelesen und korrigiert wird. Das Festlegen bestimmter Korrekturfarben (z. B. **A**: grün, **B**: blau, **C**: rot, **D**: orange) hilft beim Erkennen der sprachlichen Unregelmäßigkeiten. Eine weitere Variante wäre das Verteilen der Texte im Sinne eines Zufallsprinzips, sodass die Schüler auch Texte korrigieren, die nicht aus ihrer Vierergruppe stammen.
- Die Rückgabe der korrigierten Version an den Verfasser des Textes sowie die Überarbeitung stellen den Abschluss der Methode dar. Eine Reflexion, in der (sprachliche) Auffälligkeiten und Meinungen im Plenum diskutiert werden, sollte sich anschließen.

Beispiel:

- Schüler **A** achtet auf Orthografie und Satzzeichen.
- Schüler **B** überprüft die korrekte Angleichung der Adjektive und die Akzentsetzung.
- Schüler **C** kontrolliert die korrekte Verbkonjugation und die Präpositionen.
- Schüler **D** achtet auf das korrekte Tempus.

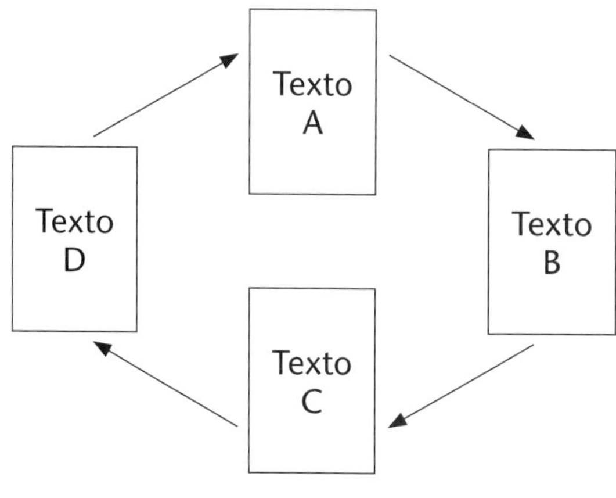

6.6 Automatisches Schreiben

Kurzbeschreibung der Methode:

Bei dieser Methode können die Schüler mithilfe beruhigender Musik ihre Gedanken, Gefühle und inneren Bilder frei und ungefiltert verschriftlichen.

geeignete Musik, CD-Spieler oder anderes tongebendes Medium

Durchführung:

- Die Schüler verteilen sich mit Zettel und Stift beliebig im Klassenraum und schließen die Augen. Der Lehrer spielt ihnen eine leise, entspannende Hintergrundmusik vor. Mithilfe der Instrumentalmusik sollen sich die Schüler gedanklich fallen lassen. Sie versuchen, die Musik so zu verinnerlichen, dass sie mögliche (fiktive) Orte, Situationen oder Handlungen im Geiste bildlich vor sich sehen.
- Nach etwa zwei bis drei Minuten öffnen die Schüler langsam wieder ihre Augen und halten ihre Eindrücke bzw. „inneren Bilder" stichwortartig auf ihren Zetteln fest. Wortketten, Sätze, Satzfragmente sowie auch Zeichnungen oder Symbole sind erlaubt. Das Einhalten verbindlicher Strukturen (Satzzeichen, Absätze, Zwischenüberschriften etc.) entfällt hierbei.
- Mit Beginn des Aufschreibens sollen die Schüler ihren Stift nicht mehr ablegen, sondern „automatisch", von ihren inneren Eindrücken und Gefühlen geleitet, alles aufschreiben, was ihnen in den Sinn kommt. Sollten sie nicht weiterkommen, müssen sie das letzte Wort so oft wiederholen, bis ihnen etwas Neues einfällt.
- Nach Ablauf einer vom Lehrer festgelegten Zeit endet das „automatische Schreiben" und jeder Schüler hat ein individuelles Schriftstück erstellt. Aus diesen Produkten können kreative Aufgaben entstehen. Die Schüler können entweder Wortnetze, Diagramme oder auch eigene Prosatexte oder Gedichte aus ihren Aufzeichnungen entwickeln und diese dem Plenum in einer Präsentationsphase vorstellen.

Kurzbeschreibung der Methode:

Um bei Schülern die Schreibkompetenz frühzeitig zu schulen und zu fördern, empfiehlt es sich insbesondere im ersten Lernjahr, kurze Sätze mithilfe eines Satzbaukasten-Prinzips zu ordnen und zu schreiben. Die Schüler bekommen dadurch ein Gefühl für die spanische Syntax und Ausdrucksfähigkeit. Entgegen der schnell steigenden Anforderungen im schriftlichen Bereich haben die Schüler mit dieser leichten und verständlichen Methode die Möglichkeit, Sicherheit und Freude am Schreiben und Verfassen spanischer Sätze zu erlangen.

vorgefertigte Arbeitsblätter

Durchführung:

- Der Lehrer fertigt zu einem Thema geeignete Satzbaukästen an und entlastet (mögliche) neue Lexik vor.
- Die Schüler versuchen in Einzelarbeit, die Elemente in die richtige Reihenfolge zu bringen und schreiben abschließend die korrekten Ergebnisse in ihr Schreibheft.
- Die Ergebnisse werden zusammen im Plenum ausgewertet.
- Eine weitere Variante ist das Anfertigen von Satzbaukästen mit unterschiedlichen Satzanfängen und verschiedenen Antwortmöglichkeiten in Klammern. Die Schüler können somit selbst entscheiden, welche Antwort am besten zu ihnen oder ihrer derzeitigen Situation passt. Die Schüler können dann beim Vorlesen erraten, um welche Person es sich dabei handelt. Es eignen sich mehrere Themen.

Beispiel:

Describe la rutina matinal de Laura

1. ____
(se levanta, A las siete, de su cama, va, y, al baño)

2. ____
(7:10, se ducha, A, en, baño, el, las, se peina, se lava, y, los dientes)

3. ____
(va, Después, la, a, para comer, un pan, cocina, se come, y, tostado, mermelada, con)

Kurzbeschreibung der Methode:

Das *PowerPoint®*-Karaoke eignet sich besonders für alternative und lustige Präsentationen im Klassenverband. Im Mittelpunkt steht der spontane Umgang mit unbekannten Sachverhalten in der Fremdsprache, die die Schüler nach bestem Können souverän ihren Mitschülern präsentieren müssen.

Smartboard, Computer mit Beamer, PPT-Folien

Durchführung:

- Der Lehrer bereitet zu Hause *PowerPoint®*-Präsentationsfolien zu bekannten / unbekannten Themen vor und fertigt eine kurze Gliederung zu jeder Präsentation an.
- Die Schüler erhalten mithilfe eines Zufallsprinzips kurze, stichpunktartige Zusammenfassungen der verschiedenen Präsentationsthemen und müssen diese nach einer fünfminütigen Vorbereitungszeit ihrem Klassenverband (relativ unvorbereitet und spontan) präsentieren. Jede Präsentation sollte nicht länger als fünf bis sieben Minuten dauern.
- Der Lehrer ist passiver Zuhörer und kann lediglich in der Vorbereitungszeit beratend zur Seite stehen.
- Die Mitschüler hören aufmerksam zu und können mithilfe eines Feedbackbogens oder Kriterienrasters dem Vortrag folgen. Auch als *Repaso*-Übung vor einer Klausur sinnvoll.

Beispiel:

In der Unterrichtsreihe *Andalucía* können Präsentationen zu *razones, ventajas* oder *desventajas del turismo masivo* gehalten werden.

Kurzbeschreibung der Methode:

Eine Tandem-Übung lässt sich problemlos in jeder Spanischstunde unterbringen. Mithilfe kleiner Redekarten oder Tandembögen schlüpfen die Schüler in verschiedene Gesprächsrollen und unterhalten sich in der Fremdsprache. Ein besonderer Vorteil bei dieser Methode besteht darin, dass sich die Schüler gegenseitig zuhören und korrigieren können. Ferner nehmen sie (meist) beide Rollen ein und führen eine Unterhaltung im „geschützten Raum".

Rede- oder Dialogkarten / Tandembögen

Durchführung:

- Der Lehrer teilt Redekarten oder Tandembögen aus (z. B. *Pretérito perfecto*) und lässt die Schüler zwischen A und B durchzählen. Die Schüler falten ihren Tandembogen idealerweise und lesen sich kurz in ihre Gesprächsrolle ein. Sobald die Rollen klar verteilt sind, beginnen beide Dialogteilnehmer mit ihrer Unterhaltung.
- Bei sprachlichen Ausdrucks- oder Wortfehlern sowie syntaktischen oder grammatikalischen Unregelmäßigkeiten kann der Zuhörer den Redner sofort verbessern, da er den Redetext mit Lösungen vor sich hat. Der Lehrer ist passiver Zuhörer und kann lediglich bei Aussprachefehlern korrigierend eingreifen.

Beispiel:

Hoja Tándem A	**Hoja Tándem B**
Por la noche, quieres hablar sobre tu día con tu compañero / a de clase por teléfono. Completa las frases con las formas correctas del pretérito perfecto. Tu compañero / a tiene las soluciones y te va a controlar. ¡Después cambiad de papeles!	*Por la noche, quieres hablar sobre tu día con tu compañero / a de clase por teléfono. Completa las frases con las formas correctas del pretérito perfecto. Tu compañero / a tiene las soluciones y te va a controlar. ¡Después cambiad de papeles!*
Hola, amigo / a. ¿Cómo estás? ¿_______________ (estar, tú) en el centro hoy?	Hola, amigo / a. ¿Cómo estás? ¿**Has estado** (estar, tú) en el centro hoy?
Hola. Estoy bien. Sí, **he ido** (ir, yo) al centro hoy y **me he encontrado** (encontrarse, yo) a Laura allí. ¿Qué **has hecho tú** (hacer, tú) hoy?	Hola. Estoy bien. Sí, _______________ (ir, yo) al centro hoy y _______________ (encontrarse, yo) a Laura allí. ¿Qué _______________ (hacer, tú) hoy?

Kurzbeschreibung der Methode:

Bei der Speeddating-Methode können die Schüler mit unbekannten Rollen oder Sachverhalten in kürzester Zeit bekannt gemacht werden. Es können Informationen, Erfahrungen und Meinungen ausgetauscht oder auch gemeinsame Entscheidungen getroffen werden.

Notizzettel, Uhr

Durchführung:

- Der Lehrer legt einen thematischen Rahmen oder eine Leitfrage fest. Die Schüler überlegen sich (bei einem geplanten Speeddating) mögliche (fiktive) Personenrollen oder Interviewfragen zu einem Oberthema und schreiben sie stichwortartig auf kleine Notizzettel oder Karteikarten.
- In der Klasse wird eine lange Tischreihe aufgebaut, an der sich auf jeder Seite jeweils zwei Schüler gegenübersitzen. Es wird ein Moderator ausgewählt, welcher den Ablauf beobachtet, das Thema verkündet und auf die Zeit achtet.
- An den beiden Tischseiten ist die Klasse in zwei Gruppen geteilt (Seite A und B). Es wird festgelegt, dass die Teilnehmer von Seite A nach der ersten zweiminütigen Gesprächsrunde einen Platz aufrücken. Die Gesprächsdauer pro Teilnehmer beträgt entweder nur eine Minute oder kann auch auf zwei Minuten verlängert werden.
- Während der Austauschphase können sich die Teilnehmer Notizen machen, die sie in der Auswertungsphase benutzen können.
- Nach dem Speeddating erhalten die Schüler noch einmal fünf Minuten Zeit, ihre Notizen gemäß der Leitfrage zu sortieren und zu verdichten.
- In der Auswertungsrunde (Plenum) werden die gesammelten Eindrücke und Ergebnisse präsentiert und evaluiert.

Beispiele:

1. *Opiniones distintas según la crisis económica en España*
2. *Buscar a una novia apropiada / a un novio apropiado*
3. *La entrevista personal*
4. *Una entrevista entre un cliente y un vendedor*
5. *Día de consulta de padres de alumnos y maestros*

Kurzbeschreibung der Methode:

Die Phillips 66-Methode (auch *Discusión 66* oder *Buzz-Session* genannt) ist eine Methode für ein schnelles Brainstorming im Klassenverband. Der Vorteil dieses Vorgehens liegt darin, dass alle Schüler mit in eine Diskussionsrunde einbezogen werden und es nicht länger als sechs Minuten dauert. Die funktional kommunikative Kompetenz des Sprechens kann daher, auch in kürzester Zeit, geschult werden.

Stoppuhr

Durchführung:

- Der Lehrer stellt entweder eine provokante These auf (z. B. *El creciente número de turistas en Machu Picchu destruye el importante patrimonio cultural de la humanidad en Perú*), legt eine Karikatur, ein Bild bzw. eine Zeichnung auf oder liest ein Zitat vor, welches den Schülern Anreiz zum Diskutieren und Nachdenken gibt.
- Der Klassenverband wird in Sechsergruppen aufgeteilt, sodass in jeder Gruppe jeweils sechs Teilnehmer sechs Minuten miteinander diskutieren können („66"). Bei ungerader Schüleranzahl müssen die Gruppen natürlich anders aufgeteilt werden, sodass man dann beispielsweise bei fünf Teilnehmern von einer *Discusión 55* sprechen könnte.
- In Form einer Gruppendiskussion tauschen sich die Teilnehmer über ihre Sichtweisen aus und versuchen innerhalb der sechsminütigen Zeitschiene, auf einen gemeinsamen Nenner zu kommen. Ziel dieser Methode ist, in relativ kurzer Zeit viele Ideen zu sammeln und Ergebnisse zu erzielen.
- Nach Ablauf der Zeit werden die Schülerergebnisse im Plenum präsentiert und diskutiert. Der Lehrer informiert die Schüler über das weitere Vorgehen.

Beispiele:

1. *El desempleo en España y sus consecuencias para los jóvenes españoles*
2. *La emigración de los jóvenes españoles en busca de trabajo a Europa*
3. *Hablar castellano: ¿un peligro para la identidad catalana?*
4. *El exterminio de los pueblos indígenas en América y las consecuencias para las identidades americanas*
5. *La corrida de toros en España: ¿maltrato de animales o preservación de las costumbres culturales españolas?*

Kurzbeschreibung der Methode:

Die Drei-Minuten-Unterhaltung ist eine kurze Murmelrunde, welche sich zu Beginn jeder Unterrichtsstunde als motivierender Einstieg realisieren lässt. Der Lehrer gibt den Schülern ein Gesprächsthema oder einen Redeimpuls vor und lässt den Klassenverband kurzzeitig auf Spanisch diskutieren.

Stoppuhr

Durchführung:

- Der Lehrer gibt ein Gesprächsthema vor oder schreibt dieses auf eine Folie bzw. an die Tafel. Es empfiehlt sich, eine klar verständliche und offen gehaltene These oder Fragestellung zu wählen, sodass mehrere Interpretations- oder Antwortmöglichkeiten gegeben sind (z. B. *¿Qué cosas has hecho el fin de semana?, ¿Cuándo has ido al cine por última vez?, ¿Cuándo es tu cumpleaños y cómo lo celebras?).*
- Die Schüler tauschen sich innerhalb von drei Minuten mit ihrem Sitznachbarn über die Fragestellung aus und können sich ggf. Notizen machen. Bei tiefgründigen Fragestellungen oder Thesen kann der Zeitrahmen auch erweitert werden.
- Auf ein visuelles oder akustisches Signal hin, das durch den Lehrer erfolgt, endet die Austausch- bzw. Murmelphase und die Schülerpaare stellen ihre Ergebnisse im Plenum vor.
- Die Schülerbeiträge können auch dazu dienen, das Stundenthema zu formulieren oder Hypothesen über den weiteren Verlauf der Unterrichtsstunde aufzustellen. Die Beiträge können ferner an der Tafel stichwortartig festgehalten werden und am Ende der Stunde noch einmal als Ausklang und Kurzzusammenfassung einen runden Stundenabschluss liefern.

7.6 Marktplatzgespräch

Kurzbeschreibung der Methode:

Beim Marktplatzgespräch (auch unter Omniumkontakt bekannt) kommen möglichst viele Schüler zusammen und tauschen sich über ein vorgegebenes Thema bzw. über den neuesten Klatsch und Tratsch aus der spanischsprachigen Welt aus. Das Ziel ist die Gestaltung einer möglichst authentischen Sprechsituation sowie das Einüben und Schulen der funktional kommunikativen Kompetenz des Sprechens.

Karteikarten

Durchführung:

- Der Lehrer gibt das Gesprächsthema bekannt. Die Schüler bereiten sich auf das Thema vor und sammeln zunächst in Einzelarbeit Argumente und Ideen. Auf kleinen Kärtchen können sich die Schüler Stichworte als Hilfen notieren.
- Auf Anweisung des Lehrers beginnt die Marktplatzsituation. Die Schüler suchen sich im Klassenraum (*Plaza de abastos*) einen Gesprächspartner und unterhalten sich mit ihm über das zu debattierende Thema. Verschiedene Ansichten und Meinungen können ggf. notiert werden. Nach jeder beendeten Unterhaltung wird ein neuer Gesprächspartner gesucht.
- Nach Abschluss der Gesprächsphase kehren die Schüler auf ihren Platz zurück. Die Ergebnisse und Erfahrungen werden im Plenum ausgewertet, diskutiert und evaluiert.

Weitere Hinweise:

- Diese Methode eignet sich auch für das Einüben bestimmter grammatikalischer Phänomene (z. B. *Subjuntivo, Imperfecto, Indefinido, Futuro, Frases condicionales* etc.).
- Es können auch Tandembögen oder Formulierungsstützen als zusätzliche Hilfen eingesetzt werden.
- Notwendige Redemittel sollten vorher noch einmal wiederholt werden.

Kurzbeschreibung der Methode:

Eine Pro-Kontra-Debatte ist ein geregeltes und geplantes Streitgespräch mit zwei oder mehreren verschiedenen Sichtweisen und Argumenten. Ausgehend von einer provokanten Fragestellung oder Situationsbeschreibung, debattieren die konträren Schülerparteien miteinander und versuchen, ihre Standpunkte überzeugend und fundiert darzulegen.

Karteikarten oder Argumentationskärtchen, evtl. geeigneter Text

Durchführung:

- Der Lehrer gibt ein provokantes Thema vor (z. B. *La importancia de la monarquía en España)* und teilt die Klasse in Vierergruppen ein. Jeder Schüler erhält eine Rolle (entweder **A: Pro** oder **B: Kontra**) und notiert sich möglichst viele Argumente, um überzeugend seinen Standpunkt zu vermitteln. Die Argumente können auch auf der Grundlage einer Texterarbeitung herausgefiltert werden.
- Nach Abschluss der Einzelarbeitsphase finden sich die festgelegten Vierergruppen zusammen und legen jeweils einen Moderator (Gesprächsleiter, Regel- und Zeitwächter) sowie einen Schriftführer fest, der sich Notizen macht und die Standpunkte der Debatte abschließend kurz zusammenfasst. Während der Debatte bringen die Schüler ihre Argumente vor und versuchen, zu der jeweils anderen Meinung konstruktiv Stellung zu beziehen. Wenn alle Punkte durchgesprochen wurden, wechseln die Rollen. Im Anschluss sollte eine Abstimmung über den gelungensten Redebeitrag erfolgen. Alternativ kann eine Podiumsdiskussion innerhalb der Klasse stattfinden oder eine Reflexionsphase (Feedbackrunde) abgehalten werden.

Beispiele:

1. *La monarquía en España: ¿un sistema desfasado en el siglo XXI?*
2. *La extensión del español en los Estados Unidos: ¿ventaja o desventaja para la población?*
3. *El turismo de masas en las costas de España*

8.1 Rollenspiel

30–45 Min. ab 1. Lj.

Kurzbeschreibung der Methode:

Bei dieser Methode nehmen die Schüler verschiedene (fiktive) Rollen ein und trainieren dabei, sich in andere Denk- und Verhaltensweisen einzufinden. Im Bereich der Sprachmittlung lassen sich eine große Anzahl von möglichen Szenarien kreieren und spielerisch umsetzen. Es bietet sich z. B. immer an, die Szenen vor dem Hintergrund alltäglicher Sprachbegegnungen (wie Schüleraustausch oder Urlaub mit den Eltern) spielen zu lassen.

evtl. Rollenkarten, thematische Wortlisten, Wörterbücher, Übersicht spanischer Redemittel

Durchführung:

- Anfänglich wird eine mögliche kommunikative Handlungssituation geschaffen, in welcher den Schülern die Notwendigkeit der Sprachmittlung transparent gemacht wird. Der Lehrer stellt dabei die erforderlichen Situations- und Rollenbeschreibungen (ggf. in Form von vorbereiteten Rollenkarten) zur Verfügung.
- Es bieten sich bei der Rollenverteilung drei verschiedene Positionen an: eine deutschsprachige Person, eine spanischsprachige Person sowie ein bilingualer Sprachmittler.
- Nach der Vorbereitungsphase, in der die Schüler ihre Dialoge zunächst in Kleingruppen (mindestens drei Personen) in stichpunktartiger Form (ggf. mithilfe einer *chuleta*) anfertigen, folgt eine Übungsphase. Mögliche Hilfsmittel können dabei thematische Wortlisten, Wörterbücher sowie eine Übersicht spanischer Redemittel sein.
- Während der Spielphase sollten die Zuschauer Höraufträge (z. B. zu inhaltlichen, sprachlichen und darstellerischen Aspekten) erhalten, um die Aufmerksamkeit aller Schüler zu gewährleisten und ein konstruktives Feedback geben zu können.

Beispiele:

1. *En la consulta del médico*
2. *En la agencia de viajes*
3. *En el aeropuerto*
4. *En la estación central*
5. *En el restaurante*

Kurzbeschreibung der Methode:

Im Rahmen der Mediation bieten sich Interviews mit drei Parteien an: eine spanischsprachige Person (z. B. ein Popstar), ein deutschsprachiger Journalist und ein Dolmetscher. Erfahrungsgemäß bereitet diese Methode den Schülern Spaß, da sie in die Rolle möglicher Idole schlüpfen und diese kreativ darstellen können.

evtl. thematische Wortlisten, Wörterbücher, Übersicht spanischer Redemittel

Durchführung:

- Zu Beginn legt der Lehrer einen zeitlichen Rahmen und einen groben Ablaufplan fest.
- Die Klasse wird in Kleingruppen aufgeteilt (je nach Interessensschwerpunkt der Schüler). Innerhalb der Gruppen werden fiktive Interview-Situationen vorbereitet. Als mögliche Hilfsmittel können thematische Wortlisten, Wörterbücher sowie eine Übersicht spanischer Redemittel eingesetzt werden.
- Während der Präsentation erhalten die Zuschauer Höraufträge oder können alternativ auch Fragen an die interviewte Person stellen.
- Etwaige Schwierigkeiten bei der Durchführung sowie Schülerrückmeldungen können in einer abschließenden Reflexionsphase thematisiert werden.

Beispiel:

Entrevista con la cantante Shakira para una revista alemana

Periodista alemán: Unsere Leser würden gerne wissen, ob Shakira immer noch Lampenfieber bei ihren Auftritten hat und was sie dagegen tut.
Intérprete: *¿Tienes todavía miedo escénico cuando cantas en un concierto?*
Shakira: *Sí, lo tengo a veces. Especialmente cuando no dormía mucho.*
Intérprete: *¿Y qué haces contra el miedo escénico? ...*

Kurzbeschreibung der Methode:

Bei dieser Methode sitzen jeweils vier Schüler an einem Gruppentisch und unterhalten sich über zuvor festgelegte Themen. Der kommunikative Austausch in der Mutter- und Fremdsprache stehen hierbei im Vordergrund.

evtl. Wörterbücher, Wörterlisten, Redemittel

Durchführung:

- Es werden zu Beginn ein thematischer Redeanlass oder verschiedene Leitfragen vereinbart. Der Lehrer legt einen zeitlichen Rahmen fest und erklärt den Ablauf. Der Klassenraum wird hergerichtet. Die Schüler arbeiten sich in verschiedene Rollen ein: ein deutscher Gastgeber, ein südamerikanischer Gast, ein Dolmetscher sowie ein bilingualer Gesprächsprotokollant. Mögliche Hilfen von Seiten des Lehrers können gegeben werden (Wörterbücher, Wörterlisten, Redemittel etc.). Es empfiehlt sich in der Vorbereitungsphase, dass alle Gastgeber, Gäste, Dolmetscher und Gesprächsprotokollanten zunächst an möglichen Fragen und Antworten sowie Strategien arbeiten.
- Während des World Cafés sind jeweils vier Schüler mit unterschiedlichen Rollen an einem Tisch und unterhalten sich über das gestellte Thema bzw. die Leitfrage. Der deutsche Gastgeber spricht kein Spanisch, sodass der Dolmetscher den spanischsprachigen Gast fragen muss. Auch die Antworten müssen sinngemäß übersetzt werden. Der Gesprächsprotokollant hat die Aufgabe, wichtige Fragen und Antworten im Spanischen oder Deutschen festzuhalten. Dieser kann jedoch auch helfend eingreifen, da er beide Sprachen beherrscht. Die Gäste und / oder die Gastgeber rotieren nach einer bestimmten Zeit und besuchen die anderen Tische.
- Im Anschluss findet eine Auswertung und Vorstellung der Ergebnisse im Plenum statt.

Beispiel:

Para proteger la selva en Sudamérica, una fábrica de muebles alemana convoca una reunión con sus socios latinoamericanos para hablar sobre posibles estrategias.

La demanda de muebles en Europa

Cooperación con *Greenpeace*

Factores económicos del mercado de muebles

Estrategias de protección adecuadas

Kurzbeschreibung der Methode:

Um die Sprachmittlungskompetenz der Schüler in realitätsnahen Alltagssituationen zu schulen, sollte authentisches Ausgangsmaterial verwendet werden. Je nach Unterrichtsthema und -vorhaben kann bei dieser Methode eine Vielzahl an spanischen und deutschen Gebrauchstexten zum Einsatz kommen. Die Mediation sollte dabei in beide Richtungen geübt werden: vom Spanischen ins Deutsche und andersherum.

geeignete Texte, Pappkarton, evtl. große Papierbögen

Durchführung:

- Der Lehrer stellt verschiedene Texte zu einem Oberthema zusammen (z. B. deutsche oder spanische traditionelle Rezepte) und sammelt diese in einer „Schatztruhe". Zur Vorbereitung empfiehlt es sich, das notwendige Vokabular vorzuentlasten.
- In der Stunde ziehen die Schüler einen Ausgangstext aus der Schatztruhe, den sie je nach Aufgabenstellung schriftlich oder mündlich in die Zielsprache übertragen sollen.
- Es sollte zudem eine authentische Rahmensituation geschaffen werden, damit sich die Schüler der Notwendigkeit der Sprachmittlung bewusst werden und adressatengerecht, sinnvoll und situationsangemessen handeln können.
- Die Schülerergebnisse können z. B. in Form einer Wandzeitung präsentiert (und ausgewertet) werden.

Beispiel:

__Situación:__

Tu amiga española está de visita en Alemania. Le quieres enseñar a ella cómo se prepara un "Christstollen".

__Tarea:__

Explícale la receta con los ingredientes necesarios y las etapas de preparación. ¿Cómo se puede explicar Christstollen?

Kurzbeschreibung der Methode:

Eine anspruchsvolle Variante zur schriftlichen Sprachmittlung stellt die Internetrecherche von geforderten Informationen mit anschließender Mediation dar. Die selbstständige Suche geeigneter Texte setzt eine präzise Aufgabenstellung sowie Erfahrung bei der Internetrecherche aufseiten der Schüler voraus. Um eine erfolgreiche Mediation gewährleisten zu können, finden die Schüler passgenaue Textgrundlagen (z. B. Umfrageergebnisse, Statistiken etc.) und geben diese adressatengerecht, sinnvoll und situationsangemessen in der Fremdsprache wieder.

Computer mit Internetzugang

Durchführung:

- Der Lehrer legt einen thematischen Rahmen sowie eine genaue Aufgabenformulierung fest und erläutert das Vorgehen. Im Vorfeld sollte er sicherstellen, dass geeignetes Internetmaterial existiert.
- Die Schüler finden sich in Zweiergruppen zusammen. Im Medienraum suchen sie geeignete Internetquellen. Der Lehrer begleitet diesen Arbeitsprozess zur Kontrolle und Beratung.
- Das gefundene Material sollte ausgedruckt vorliegen, um es gemäß der Aufgabenstellung in die Zielsprache zu übertragen.
- Bei der Evaluation der Ergebnisse (und Bewertung vonseiten des Lehrers) sollten die Internetquellen vorliegen und mit in die Diskussion einbezogen werden.

Beispiel:

Situación:

Vuestro amigo Felipe trabaja en un hotel en Cádiz. Para mejorar y adaptar las ofertas del hotel a los turistas alemanes quiere saber cuáles son las preferencias de sus huéspedes en cuanto a las actividades turísticas (excursiones, deportes, monumentos, comida …).

Tarea:

1. *Buscad en internet información adecuada que refleje los gustos típicos de los turistas alemanes que pasan sus vacaciones en la región de Felipe.*
2. *Leed los textos e imprimidlos. Marcad las fuentes.*
3. *Subrayad y resumid los puntos principales y discutelas con vuestro/a vecino/a.*
4. *Elegid por lo menos cuatro hechos importantes que podrían ayudar a Felipe para comprender mejor los gustos de los turistas alemanes.*
5. *Escribid un e-mail a Felipe presentando vuestros resultados sobre lo encontrado en la red.*

Kurzbeschreibung der Methode:

Beim Expertenpuzzle werden in relativ kurzer Zeit unterschiedliche Inhalte oder Textabschnitte von verschiedenen Schülern gelesen und bearbeitet. Die Inhalte werden dann phasengeleitet präsentiert, ausgetauscht und ggf. ergänzt.

vorgefertigte Arbeitsblätter, Tabelle oder Schreibheft

Durchführung:

- Der Lehrer teilt die Klasse in Gruppen (A, B, C, D …) auf und erklärt das weitere Vorgehen der anstehenden Arbeitsphasen (Einzelarbeit → Austausch in Expertengruppen → Austausch in Stammgruppen). Die Schüler erhalten ihren jeweiligen Text(abschnitt) und versuchen in Einzelarbeit, die Aufgaben mithilfe des Textes zu lösen (**Phase 1**).

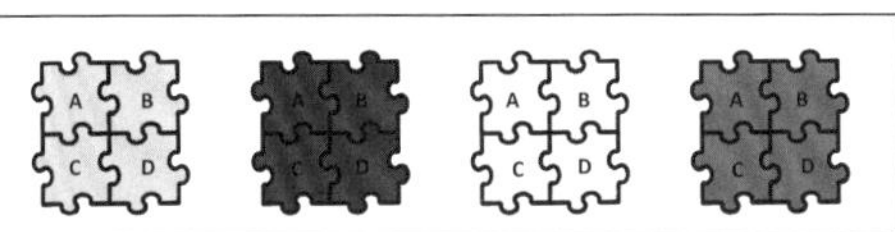

- Nach etwa zehn- bis zwölfminütiger Einzelarbeit tauschen sich die Schüler in Expertengruppen (z. B. alle Schüler der Gruppe A) über ihre gesammelten Ergebnisse aus und können ggf. offene Fragen untereinander klären (**Phase 2**).

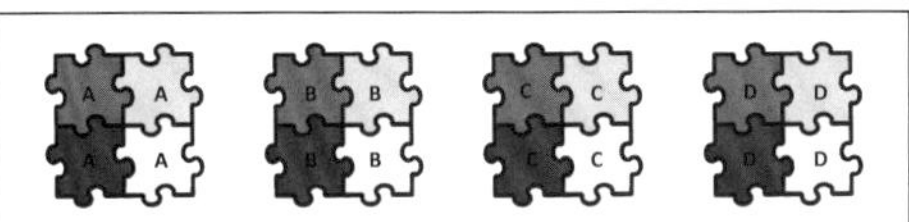

- Anschließend gehen die Schüler der verschiedenen Expertengruppen in die anfangs festgelegten Stammgruppen (z. B. Schüler mit den Texten A und B gehen zu Schülern mit den Texten C und D) und stellen ihren Mitschülern die Inhalte und Aufgaben ihres Textes vor. Diese hören aufmerksam zu und notieren sich stichpunktartig die Inhalte der „fremden" Texte in ihrer Tabelle oder ihrem Schreibheft (**Phase 3**).

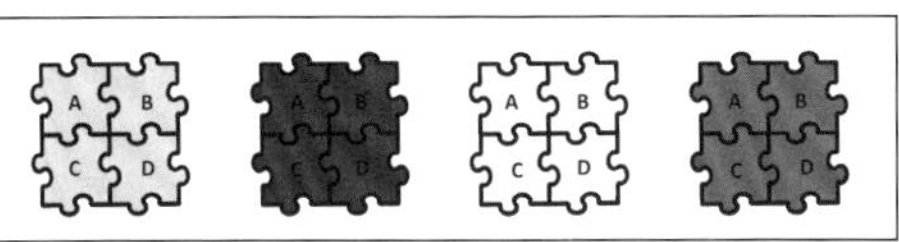

- Nach Beendigung aller drei Phasen können die Ergebnisse aus allen Texten im Plenum durch den Lehrer zusammengetragen werden. Für eine geordnete Übersicht empfiehlt sich der Einsatz einer Folie oder kleinerer Karten. Die Punkte können somit zügig und stichwortartig als Gesamtergebnis festgehalten werden.

Kurzbeschreibung der Methode:

Eine Lerntheke eignet sich oftmals als eine offene und vor allem durch Schüler selbst gesteuerte Arbeitsform. Hierbei werden zu einem Unterrichtsthema oder einer speziellen Einheit verschiedene Arbeitsmaterialien (Arbeitsblätter, Diagramme, Verbtabellen, Artikel etc.) vom Lehrer bereitgestellt und von den Schülern selbstständig und in eigenem Arbeitstempo bearbeitet.

vorgefertigte Arbeitsblätter, Texte, Diagramme, Bilder etc.

Durchführung:

- Auf einem für Schüler zentralen Tisch („Theke") stellt der Lehrer verschiedene Lernmaterialien, Aufgaben und Übungen bereit, an denen sich die Schüler bedienen dürfen. Die Bearbeitungszeit kann von einer halben Stunde bis zu einer ganzen Unterrichtsstunde betragen und vorher im Plenum festgelegt werden.
- Die vielfältigen Arbeitsmaterialien berücksichtigen verschiedene Anforderungsniveaus, Aufgabenformate und Zeitansprüche und können vom Schüler individuell bearbeitet und gelöst werden. Die Lösungen aller Lernmaterialien können entweder ebenfalls ausgehändigt oder in der Folgestunde mit dem Lehrer zusammen besprochen werden.
- Mithilfe eines Laufzettels oder einer kurzen Tabelle, auf der alle Lernangebote verzeichnet sind, können die Schüler ihre bereits abgearbeiteten Aufgaben abhaken.

Beispiel:

Lerntheke zum Thema *„Los pueblos precolombinos americanos"*

1. Basistexte zum Leben der Inka, Maya und Azteken (*vida, costumbres, religión …*)
2. Arbeitsmaterialien zum Einüben der *tiempos pasados* (*indefinido, imperfecto, pluscuamperfecto …*)
3. Schaubilder über die *aspectos físicos* der Ureinwohner mit Arbeitsauftrag einer Bildbeschreibung
4. Gitter- oder Kreuzworträtsel zu neu eingeführtem Vokabular (*guerra, esclavos, militares, sacrificios, pirámide …*)
5. Bastelanleitungen für Kriegsmasken oder Stadtwappen
6. Verfassen eines fiktiven Augenzeugenberichts eines spanischen Eroberers

Etc.

Kurzbeschreibung der Methode:

Die Kugellager-Methode (auch Innenkreis / Außenkreis oder Rotierendes Partnergespräch genannt) funktioniert mit einem äußeren und einem inneren Stuhlkreis, sodass sich jeweils zwei Schüler gegenübersitzen und kommunizieren können. Der Schwerpunkt dieser Methode liegt besonders auf dem Austausch von Informationen, Aspekten und Meinungen oder kann ebenfalls dem gegenseitigen Vorstellen der Hausaufgabe dienen.

evtl. Glöckchen oder anderes akustisches Signal

Durchführung:

- Der Lehrer gibt ein Gesprächsthema vor, teilt die Klasse in Gruppe A (Innenkreis) und Gruppe B (Außenkreis) ein und legt einen zeitlichen Rahmen fest.
- Die Schüler setzen sich mit ihren Stühlen einander gegenüber, sodass zwei Kreise entstehen. Die Mitglieder der Gruppe A oder B fangen jeweils an, der Person gegenüber ihre Aspekte, Informationen oder Gedanken zu einem ausgewählten Thema vorzutragen. In einer moderaten Gesprächslautstärke können Face-to-Face-Kommunikationen stattfinden.
- Bei Ertönen eines akustischen Signals oder auf Anweisung des Lehrers rücken die Schüler des Innen- oder Außenkreises jeweils im Uhrzeigersinn zwei Plätze weiter, sodass sie mit ihrem neuen Gesprächspartner eine Konversation führen können. Der Rotationsvorgang kann beliebig oft wiederholt werden.

Beispiele:

Mögliche Themen für ein Kugellager:

1. *¿Qué haces en tu tiempo libre?*
2. *¿Si fueras rico qué te comprarías?*
3. *¿Cuál es tu comida y bebida favorita?*
4. *¿A dónde quieres viajar? ¿Por qué?*
5. *¿Cuánto dinero gastaste el año pasado?*

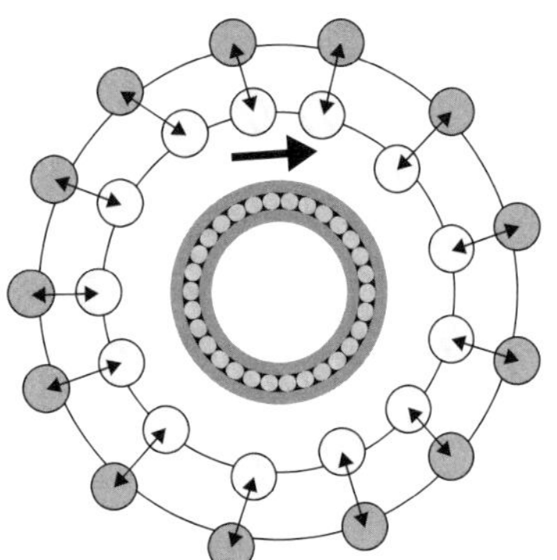

Kurzbeschreibung der Methode:

Beim Museumsrundgang steht das Präsentieren der Arbeitsergebnisse im Vordergrund. Diese Methode ist besonders für die Schulung der Sprechkompetenz geeignet, da jeder Schüler zur Mitwirkung und Präsentation angehalten wird. Das Sammeln von wichtigen und interessanten Informationen, die die Schüler zuvor erarbeitet und aufbereitet haben, stellt einen weiteren positiven Lernzuwachs dar.

große Papierbögen

Durchführung:

- Nachdem verschiedene Schülergruppen zu einem zuvor erhaltenen Thema wichtige Aspekte und Gedanken erarbeitet haben, sollen die vielfältigen Gruppenergebnisse auf einem Plakat oder Poster strukturiert und übersichtlich festgehalten werden.
- In allen Gruppen erhält jedes Mitglied eine Nummer (*uno, dos, tres* ...). Zu Beginn verbleibt Mitglied Nummer 1 („Experte“) am Gruppenplakat und präsentiert, stellvertretend für seine Gruppe, seinen „Besuchern“ die Ergebnisse. Beim nächsten Wechsel muss dann Nummer 2 seinen Platz einnehmen usw.
- Es wird so oft gewechselt, bis jeder Schüler einmal alle ausgestellten Stationen besucht und die Arbeitsergebnisse notiert hat.
- In einer abschließenden Auswertungsrunde im Plenum können Stärken und zu optimierende Aspekte diskutiert werden.

Beispiele:

1. *Datos más importantes sobre la frontera entre México y los EE.UU.*
2. *El cine español: actores, películas y la recepción crítica*
3. *El franquismo en España: desarrollo, vida y censura*
4. *América del Sur: Las tribus indígenas*
5. *El mundo hispanohablante: los países, sus costumbres y sus lenguas*

Kurzbeschreibung der Methode:

Die Fishbowl-Methode dient dem Austausch und der kritischen Diskussion zuvor erarbeiteter Gruppenergebnisse. Da die Diskussion in einem Stuhlkreis erfolgt, ähnelt sie einer Talkrunde im Fernsehen. Der freie Austausch verschiedener Gesichtspunkte und Meinungen steht im Vordergrund, bei dem jeder Schüler seine Haltung jederzeit kundtun kann.

Durchführung:

- In einer zuvor durchgeführten Erarbeitungsphase sammeln die verschiedenen Schülergruppen Pro- und Kontra-Argumente für eine anstehende Diskussion. Auch eigene Gedanken, in Form einer Stellungnahme, können die anschließende Fishbowl-Runde anregen.
- Im Klassenraum werden Stühle zu einem Stuhlkreis angeordnet. Weitere Sitzgelegenheiten können dahinter für die Beobachter der Diskussion platziert werden. Aus jeder Gruppe nehmen nun ein bis zwei Personen im Stuhlkreis ihre Plätze ein.
- Ein Moderator (Gesprächsführer, *moderador*) erörtert das anstehende Diskussionsthema und eröffnet die Gesprächsrunde unter den Teilnehmern. Er führt durch die Diskussion, sodass ein interessantes Streitgespräch entsteht.
- Sofern ein Zuschauer zu einem Streitpunkt etwas beitragen möchte, hat dieser die Möglichkeit, auf einem freigelassenen Stuhl im Stuhlkreis Platz zu nehmen und Position zu beziehen. Nach seinem Beitrag kehrt er jedoch wieder in den Beobachterrang zurück.
- Der Moderator achtet auf adäquate Gesprächskonventionen und die Zeit. Der Lehrer kann entweder beratend eingreifen oder als stiller Beobachter fungieren.

Beispiele:

1. *La independencia de Cataluña*
2. *La acogida de inmigrantes ilegales en España*
3. *Las ventajas y desventajas del cultivo de naranjas en Andalucía*
4. *La desforestacíon de la selva en Sudamérica*
5. *Los niños de la calle en Centroamérica*

Kurzbeschreibung der Methode:

Das Einschätzen eigener Stärken und Schwächen hilft den Schülern, ihren Lernstand selbstständig zu ergründen und ihre Arbeitsweise zu reflektieren. Sie werden darauf aufmerksam gemacht, ob Änderungen im Lernverhalten erzielt werden müssen oder welche Bereiche bereits gut ausgebildet wurden. Der Selbsteinschätzungsbogen kann beispielsweise im Spanischunterricht am Ende jedes Schulhalbjahrs eingesetzt und besprochen werden.

Durchführung:

- Der Lehrer teilt zuvor der Klasse die Kriterien des Selbsteinschätzungsbogens mit. Er erstellt eine tabellarische Übersicht (s. Beispiel), mit der die Schüler ihren individuellen Lernstand reflektieren und evaluieren können.
- Die Schülerergebnisse können im Plenum diskutiert und Stärken, Schwächen, Möglichkeiten sowie Ziele zur Verbesserung der eigenen Fertigkeiten thematisiert werden.

Beispiel:

Nombre:		😁	🙂	😐	☹️
Comprensión auditiva	Ich kann wesentliche Informationen und Aussagen aus dem gesprochenen Spanisch verstehen.				
Comprensión lectora	Ich kann wesentliche Textinformationen und ggf. Absichten verstehen.				
Mediación	Ich kann wesentliche Informationen schriftlich und mündlich adressaten-, sinn- und situationsgemäß wiedergeben.				
Hablar	Ich kann einfache Zusammenhänge frei vortragen und mich über einfache Dinge unterhalten.				
Pronunciación	Meine Aussprache kommt dem Spanischen sehr nahe.				
Escribir textos	Ich kann bereits einfache und zusammenhängende Texte sprachlich korrekt erfassen.				
Ortografía	Ich kann spanische Wörter richtig schreiben.				
Vocabulario	Ich verfüge über einen angemessenen Wortschatz.				
Gramática	Ich kann grammatische Strukturen sicher und korrekt anwenden und erkennen.				
Conocimientos interculturales	Ich (er)kenne bereits kulturelle Unterschiede und kann sie in mein Weltwissen einordnen.				

Dennis Kuhlmeier: 55 Methoden Spanisch

Index